好老板成功经系列

新手开公司

侯其锋　主编

·北京·

《新手开公司》首先告诉您创业做老板的成功要素，只有具备了成功必备的素质并持续不断的学习，您才可能创业成功。

然后，《新手开公司》从以下几个方面对拟创业的人员提供指导：
- 创业做老板之前的准备。
- 开办资金预算与筹集。
- 制订利润计划与商业计划。
- 公司开办的法律事务。
- 人员组织与管理。
- 公司税务管理。
- 开办公司法律风险防范。

《新手开公司》可供有志于自己创业的毕业生、职场人士阅读，为您所创办的公司、企业进行针对性的管理、提升业绩提供指导和帮助。以期在最短的时间内助力您创业成功！

图书在版编目（CIP）数据

新手开公司/侯其锋主编．—北京：化学工业出版社，2015.11（2024.10重印）

（好老板成功经系列）

ISBN 978-7-122-25058-2

Ⅰ.①新… Ⅱ.①侯… Ⅲ.①公司-企业管理 Ⅳ.①F276.6

中国版本图书馆CIP数据核字（2015）第204478号

责任编辑：陈 蕾	装帧设计：尹琳琳
责任校对：边 涛	

出版发行：化学工业出版社（北京市东城区青年湖南街13号　邮政编码100011）
印　　装：涿州市般润文化传播有限公司
710mm×1000mm　1/16　印张12½　字数229千字　2024年10月北京第1版第12次印刷

购书咨询：010-64518888　　　　　　　　售后服务：010-64518899
网　　址：http://www.cip.com.cn

凡购买本书，如有缺损质量问题，本社销售中心负责调换。

定　　价：39.00元　　　　　　　　　　　　　　版权所有　违者必究

前言
PREFACE

自己创业当老板,是许多大学毕业生、职场人士的梦想,然而,创业是一个复杂的过程。当老板很风光,时间很自由,但是创业不容易,经营好企业更不容易,许多人雄心勃勃地开办企业,但是却在艰难中营业,有的经营不久就倒闭了。创业为什么失败?经营企业为什么会不成功?究其原因主要有以下几点:

- 没有进行事先详细周密的市场调查,只是道听途说某行业好赚钱,就贸然投资进去。
- 生意上贪大求新,野心很大,排场不小,但是却往往超过了自己的经济承受能力。
- 没有从自己最熟悉、最擅长的业务起步,往往听说什么赚钱,就开什么店,做什么业务。
- 打价格战。
- 缺乏依法经营和自律观念。
- 思维受限制,不能立足长远,总想赚快钱,寻找短平快项目。
- 只注重硬件的投入,在软件上(服务质量、人员素质、管理水平)却舍不得投资。
- 财务上没有遵循审慎原则,没有预留足够的准备资金,在生意不顺利时,财务上往往面临资金周转不灵的问题。
- 不能充分利用政府的优惠政策,合法避税,有时还有意无意触犯法律,留下法律上的后遗症。
- 缺少必要的经营企业的经验。

基于此,编者凭借多年成功创业的经验和对企业管理咨询的经验,策划了本书,以此为新创业的大中专毕业学生、新创办公司的有志之士提供一个参考。

《新手开公司》主要从以下几个方面对拟创业的人员提供指导:

- 创业做老板之前的准备。
- 开办资金预算与筹集。

- 制订利润计划与商业计划。
- 公司开办的法律事务。
- 人员组织与管理。
- 公司税务管理。
- 开办公司法律风险防范。

　　本书由侯其锋主编，在编写整理过程中，获得了许多朋友的帮助和支持，其中参与编写和提供资料的有安建伟、滕晋、赵辉、李宁宁、李浩、王建伟、王玲、王春华、王国利、王玉奇、王荣明、钟玲、吴业东、陈素娥、刘光文、刘作良、陈丽、高培群、高淑芬、鲁跟明、唐琼、况平、宁仁梅、刘春海、赵慧敏、温泉、刘俊、何立、匡仲潇，最后全书由侯其锋统稿、审核完成。在此，编者对他们所付出的努力和工作一并表示感谢。同时本书还吸收了国内外有关专家、学者的最新研究成果，在此对他们一并表示感谢。

　　由于编者水平有限，加之时间仓促、参考资料有限，书中难免出现疏漏与缺憾，敬请读者批评指正。

编　者

目录 CONTENTS

导读 创业做老板成功要素

一、成功必备素质 　　　　　　　　　　　　　　　　　　　1
二、持续不断学习 　　　　　　　　　　　　　　　　　　　2

第一章 创业做老板之前的准备

很多人没当老板之前都想当老板，当了老板才发现老板也有老板的不容易。所以，你在自己创业做老板前要认真思考、反复评估、考虑成熟再行动。除了要有足够的资源准备外，心理准备最重要。你也要好好思考是否有足够的耐心与耐力去度过创业期的消耗，估计通过多长时间走过创业瓶颈阶段，自己有多长时间的准备。

第一节　创业潜力与基本素质培养　　　　　　　　　　　　6

一、测试一下自己是否适合创业 　　　　　　　　　　　　6
　　【实战工具】创业，你够不够格 　　　　　　　　　　6
　　【实战工具】创业者潜力测试 　　　　　　　　　　　7
二、身体是创业者的本钱 　　　　　　　　　　　　　　　9
　　相关链接：体质自我测试 　　　　　　　　　　　　　9
三、创业的知识和观念 　　　　　　　　　　　　　　　　10
四、创业的经验 　　　　　　　　　　　　　　　　　　　11
五、创业的技能或行动能力 　　　　　　　　　　　　　　11
　　【实战工具】看看你的行动能力 　　　　　　　　　　11
六、创业的个性或人格特征 　　　　　　　　　　　　　　12
七、创业精神意识 　　　　　　　　　　　　　　　　　　12
　　相关链接：创业中需问自己的问题 　　　　　　　　　14

第二节　培养创业基本能力　　16
　　一、战略管理能力　　17
　　二、决策学习能力　　17
　　三、经营管理能力　　18
　　四、专业技术能力　　18
　　五、交往协调、资源整合能力　　19
　　六、创新能力　　20
　　七、信息获取加工能力　　21
　　八、个人潜能挖掘能力　　21

第三节　选择创业项目　　22
　　一、适合自己的才是最好的　　22
　　　　相关链接：创业项目推荐　　22
　　二、市场前景决定成败　　23
　　三、周密考察、科学取舍　　23
　　　　相关链接：创业者易走的十二条弯路　　24

第四节　如何选择创业合伙人　　26
　　一、创业初期合伙人是关键　　26
　　　　相关链接：合伙人必备基本素质　　26
　　二、寻找合伙人的核心是互补　　27
　　　　相关链接：合伙企业优势和劣势　　27

第五节　做好市场调查　　28
　　一、市场调查的内容　　28
　　二、常见的市场调查方法　　30
　　　　相关链接：创业过程中的常见问题　　31

第二章　开办资金预算与筹集

　　资金的管理和流通，对任何一个企业在任何一个阶段都是至关重要的。开公司的首要目的是赚钱。创业者要懂经营、会理财，掌握一定的财务知识，了解利用并享受国家相应的优惠政策。创业者要懂得理财之道，即聚财之道、用财之道、生财之道。聚财之道用于筹集资金；用财之道体现资金的分割与控制；生财之道体现资金的周转和利润的实现。三者必须统筹兼顾，缺一不可，资金只有不停的周转运动，公司才可以赚取最大的利润。

第一节　预测启动资金　　　　　　　　　　　34
　　一、启动资金的用途　　　　　　　　　　　34
　　二、计算启动资金的步骤　　　　　　　　　35
　　三、投资（固定资产）预测　　　　　　　　36
　　四、流动资金预测　　　　　　　　　　　　37
　　五、总的启动资金预测　　　　　　　　　　38
　　六、预测启动资金要注意的问题　　　　　　39

第二节　开办资金的筹措　　　　　　　　　　39
　　一、自有资金　　　　　　　　　　　　　　39
　　二、向亲朋好友借　　　　　　　　　　　　40
　　三、向银行贷款　　　　　　　　　　　　　40
　　　　相关链接：创业贷款优惠政策　　　　　42
　　四、寻找合作伙伴筹资　　　　　　　　　　44
　　五、从供货商处赊购　　　　　　　　　　　44
　　六、风险投资　　　　　　　　　　　　　　44
　　　　相关链接：国内专业的天使投资机构　　47
　　七、融资租赁　　　　　　　　　　　　　　48
　　八、其他方式　　　　　　　　　　　　　　48

第三章　制订利润计划与商业计划

　　银行和信贷机构在决定是否给您贷款时会仔细地审查您的商业计划书。商业计划书包含了您和您的员工用于判断创业是否成功的主要标准。另外，商业计划书也可帮助您确定第一步做什么，第二步做什么或不做什么。

第一节　制订利润计划　　　　　　　　　　　50
　　一、确定产品的销售价格　　　　　　　　　50
　　　　相关链接：什么是折旧成本　　　　　　51
　　二、预测销售收入　　　　　　　　　　　　54
　　三、制订销售和成本计划　　　　　　　　　56
　　四、编制现金流量计划　　　　　　　　　　58

第二节　制订商业计划书　　　　　　　　　　60
　　一、为什么要写商业计划书　　　　　　　　60
　　二、商业计划书的6C规范　　　　　　　　　61
　　三、商业计划书的结构　　　　　　　　　　62
　　四、商业计划书的写作要求　　　　　　　　63
　　五、商业计划书的编写步骤　　　　　　　　68
　　六、商业计划书的写作注意事项　　　　　　69
　　　【实战范本】商业计划书模板　　　　　　69

第四章　公司开办的法律事务

　　办理公司注册须经过以下过程：名称预先核准、租房、编写"公司章程"、刻私章、到会计师事务所领取"银行询征函"、去银行开立公司验资账户、办理验资报告、注册公司、刻公章和财务章、办理企业组织机构代码证、去银行开基本户、办理税务登记、申请领购发票。在此讲解几个重要的过程。

第一节　开业登记之前的事项　　　　　　　　76
　　一、选好创业项目　　　　　　　　　　　　76
　　二、名称预先核准　　　　　　　　　　　　76
　　　　相关链接：怎样给公司起名字　　　　　78
　　三、制订公司章程　　　　　　　　　　　　78
　　　　相关链接：公司的经营范围　　　　　　80
　　四、验资　　　　　　　　　　　　　　　　83

第二节　申请办理营业执照　　　　　　　　　86
　　一、个体户开业登记　　　　　　　　　　　86
　　二、私营企业开业登记　　　　　　　　　　86

第三节　登记注册后的事项　　　　　　　　　88
　　一、刻制印章并备案　　　　　　　　　　　88
　　二、组织机构代码登记　　　　　　　　　　88
　　三、办理税务登记证　　　　　　　　　　　90
　　　　相关链接：税务登记证年检　　　　　　91

四、到银行开户　　　　　　　　　　　　　　　　91

五、申请领购发票　　　　　　　　　　　　　　　93

第五章　人员组织与管理

企业人员组织与管理是把企业人员组织起来，完成企业的任务，实现企业的目标。企业人员配备与企业组织的设计，是整个管理活动的基础，是一项十分重要的管理工作。同时，人员的招聘与培训也是配备人员并使之工作效率达到最佳的途径。

第一节　公司的人员构成　　　　　　　　　　　　98

一、老板　　　　　　　　　　　　　　　　　　98

相关知识：老板类型　　　　　　　　　　　99

二、企业合伙人　　　　　　　　　　　　　　　99

三、员工　　　　　　　　　　　　　　　　　　100

第二节　公司的组织架构　　　　　　　　　　　　101

一、建立组织架构的好处　　　　　　　　　　　101

二、如何建立组织架构　　　　　　　　　　　　102

三、确定员工的岗位与职责　　　　　　　　　　105

第三节　员工招聘　　　　　　　　　　　　　　　106

一、确定员工的任职条件　　　　　　　　　　　106

二、人员招聘渠道　　　　　　　　　　　　　　106

三、人员招聘实施　　　　　　　　　　　　　　107

四、员工配对组合　　　　　　　　　　　　　　108

第四节　员工培训　　　　　　　　　　　　　　　108

一、员工培训的内容　　　　　　　　　　　　　108

二、员工培训的方法　　　　　　　　　　　　　109

三、员工培训计划　　　　　　　　　　　　　　110

四、员工培训的控制　　　　　　　　　　　　　110

【实战范本】某汽车美容店的员工培训记录表　　110

第五节　员工管理策略　　112
一、制度化管理　　112
　　【实战范本】某公司员工手册　　113
二、人员礼仪规范　　128
　　【实战范本】礼仪规范　　129
三、员工的工资管理　　133
四、有效激励员工　　133

第六章　公司税务管理

　　企业税务管理是企业在遵守国家税法,不损害国家利益的前提下,充分利用税收法规所提供的包括减免税在内的一切优惠政策,达到少缴税或递延缴纳税款,从而降低税收成本,实现税收成本最小化的经营管理活动。

第一节　纳税人资格认定　　136
一、一般纳税人和小规模纳税人的区分　　136
二、确认企业是哪类纳税人资格　　136
三、一般纳税人资格认定　　138

第二节　税收优惠备案及审批　　139
一、企业所得税税收优惠项目　　139
二、增值税优惠项目及报送的资料　　146
三、营业税优惠项目及报送的资料　　150
四、税收优惠备案及审批流程　　152

第三节　纳税申报　　152
一、了解各税种的缴税日期　　152
二、抄税　　154
　　相关链接：网上抄报税　　154
三、报税　　156

第四节　税务检查　　158
一、税务检查的内容　　158
二、税务检查的方法　　158

三、企业如何应对税务检查　　159
四、税务专项检查中维护自己的合法权益　　161

第七章　开办公司法律风险防范

企业要防范控制法律风险，首先是要老板的重视，这是企业是否能够正确处理法律风险的关键。企业应当建立法律风险的防范和控制的制度，法律风险是专业风险，是可预防、可避免的风险，是企业在生产经营中违反法律、违反合同约定造成的风险，是一种可预见的风险。

第一节　了解企业创办的法律环境　　166
一、与新办企业直接有关的基本法律　　166
二、与企业相关的其他法律　　166

第二节　了解企业创建的法律形式　　167
一、个人独资企业　　167
二、合伙企业　　168
三、公司　　169

第三节　开办企业的法律风险防范　　170
一、具备法律意识，承担法律后果是老板的责任　　170
二、选定创业企业的法律形态　　170
三、风险投资的法律分析　　173
四、与劳动者订立劳动合同，尊重职工的权益　　174
五、依法纳税，掌握基本税收知识　　175
六、社会保险和商业保险　　176
七、特许经营、加盟连锁的创业形式涉及的法律问题　　176
八、经营场地租赁涉及的法律事务　　179
【实战范本】商铺租赁合同　　182

创业做老板成功要素

众所周知,创业是一个复杂的过程,要想取得成功,除了具备一定的素质外,更要有不断学习的精神,掌握相关的企业经营知识。

一、成功必备素质

不是所有的人创业当老板就一定会成功,每一个成功的老板都有自己特定的素质。获得创业的成功,不仅需要项目、资金和运气,更与创业者的个人素质密切相关。

(一)强烈的创业动机

首先你得知道自己的动机,不管是为了实现人生价值也好,为了创造更多财富也好,还是为了改变现状,总之要有一个非常明确的动机,而且这种动机是来自骨子里的,根深蒂固,一刻也不会动摇,因为这种强烈的动机会伴随你整个创业征程。

(二)要有好的执行力

执行力是创业最不可缺少的素质,万事开头难,做任何事情是否能下定决心去做,这是最最关键的。创业需要一番破釜沉舟的勇气,犹犹豫豫的人是很难成功的。90%以上的新人,都是"晚上想着千条路,早上起来走原路",缺乏很好的执行力和行动力。

(三)要有承受风险的心理准备

任何事情都有风险的存在,好的心理素质是成功的关键。机遇总是伴随着风险。所以创业之人，一定要有承担创业失败风险的能力和心理素质。创业中遇到的问题永远都会超出你的想象，如果不能接受创业失败的风险，还是找一份稳定的工作来做为好。如果能将创业失败最坏的打算都罗列出来，你依然能够接受，那就勇敢地去闯吧！

（四）利用好一切有用资源

学会利用资源能够让你事半功倍，都说创业需要机遇，其实就在你的身边，看你能不能用好，这也是一个创业者要具备的最基本的眼光和商业意识。要充分利用好身边的一切有用资源，包括资金、人脉、信息、渠道等，最好从身边熟悉的行业或有兴趣的行业入手，这也是所有创业者当初面临的问题，不知从哪里下手，觉得自己什么都行，再想想觉得又什么都不行。

你可以先进入一个行业，跟着别人做上一年半载学到行业基本知识后，再出来创业；找一个要好的朋友，向他学习让他带你一段时间；找个有行业经验的合伙人一起做，这样走的弯路也少，上手也会很快；或者选择加盟一些创业平台，这类创业平台会有总公司提供全套的技术支持，没有任何经商经验都可加盟，手把手教授，还提供完善的售后跟进服务，很适合没有经验的创业者，当然相对来说不会有暴利。如果想一口吃成胖子，肯定会失败的，必然要走一段很长的弯路。

（五）要对自己非常有信心

相信自己才是成功的关键，尤其是在创业的路上，人的任何动力都是来自精神层面和意识层面，而且人越是在困难和挫折面前就越容易退缩。创业并非人人适合，创业中遇到的困难和问题有时会让你绝望，无所适从，这时更要相信自己，告诉自己"我能行"，想着自己未来成功的时刻，你就会咬咬牙挺过去。

（六）一刻也不要放弃

不抛弃不放弃，再苦再难，也要坚强。在一个行业要坚持做下去，一刻也不要放弃。要不断地总结经验和调整经营策略，要经常反省自己，找出自己的不足之处，加以改正。

二、持续不断学习

作为创业者，在企业的经营过程中会遇到许多经营管理的难题，因此需要持续不断地学习，要学习各种知识，包括行业的相关知识，各类管理、营销、人力、策划、财税、法律等。一个没有很好学习能力的创业者，很难将企业经营好，也很难当一个赚钱的老板。

《新手开公司》为初创业的老板们介绍企业开办和经营过程中必须掌握的知识，主要内容如表0-1所示。

表0-1 企业开办和经营过程中必须掌握的知识

序号	知识点	具体内容描述
1	创业做老板之前的准备	·创业潜力与基本素质培养 ·培养创业基本能力 ·选择创业项目 ·如何选择创业合伙人
2	开办资金预算与筹集	·预测启动资金 ·开办资金的筹措
3	制订利润计划与商业计划	·制订利润计划 ·制订商业计划书
4	公司开办的法律事务	·开业登记之前的事项 ·申请办理营业执照 ·登记注册后的事项
5	人员组织与管理	·公司的人员构成 ·公司的组织架构 ·员工招聘 ……
6	公司税务管理	·纳税人资格认定 ·税收优惠备案及审批 ·纳税申报 ·税收检查
7	开办公司法律风险防范	·了解企业创办的法律环境 ·企业创建的法律形式 ·开办企业的法律风险防范

第一章

创业做老板之前的准备

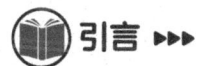

很多人没当老板之前都想当老板，当了老板才发现老板也有老板的不容易。所以，你在自己创业做老板前要认真思考、反复评估、考虑成熟再行动。除了要有足够的资源准备外，心理准备最重要。你也要好好思考是否有足够的耐心与耐力去度过创业期的消耗，估计通过多长时间走过创业瓶颈阶段，自己有多长时间的准备。

第一节 创业潜力与基本素质培养

美国的心理测验专家约翰·勃劳恩说:"创业的技巧虽然是学来的,但是**具有某些素质的人**占了先天的优势。"

其实,并不是所有的人都具有创业做老板的素质,心理社会学家认为有十类人不具备做老板的素质。

(1) 缺少职业意识的人。

(2) 优越感过强的人。

(3) 唯上是从,只会说"是"的人。

(4) 偷懒的人。

(5) 片面和骄傲的人。

(6) 僵化和死板的人。

(7) 感情用事的人。

(8) "多嘴多舌"与"固执己见"的人。

(9) 胆小怕事,无主见的人。

(10) 患得患失又容易自满的人。

一、测试一下自己是否适合创业

在创业做老板之前,你有必要对自己做一下评估,根据自己的优势和劣势,看看自己是否具备做老板的素质和能力。对此,已有许多相关研究成果,你可参考以下的相关内容进行自我测试。

【实战工具】创业,你够不够格 ▶▶▶

创业,你够不够格

创业是一个充满成就感和诱惑力的词语,但并非每一个人都适合走这条路。美国创业协会设计出了一份试卷,假如你想对自己多一分了解的话,试试回答下面的题。每题有四个选项,分别为:A.经常;B.有时;C.很少;D.从来不。

测试题:

1.在急需做出决策的时候,你是否在想,再让我考虑一下吧?

2.你是否为自己的优柔寡断找借口说:"是得慎重考虑,怎能轻易下结论呢"?

3.你是否为避免冒犯某个或某几个有相当实力的客户而有意回避一些关键性的问题,甚至表现得曲意奉承呢?

4.你是否无论遇到什么紧急任务,都先处理掉你自己的日常琐碎事务呢?

5.你非得在巨大的压力下才肯承担重任?

6.你是否无力抵御或预防妨碍你完成重要任务的干扰和危机?

7.你在决定重要的行动和计划时,常忽视其后果吗?

8.当你需要做出很可能不得人心的决策时,是否找借口逃避而不敢面对?

9.你是否总是在晚上才发现有要紧的事没办?

10.你是否因不愿承担艰巨任务而寻求各种借口?

11.你是否常来不及躲避或预防困难情形的发生?

12.你总是拐弯抹角地宣布可能得罪他人的决定?

13.你喜欢让别人替你做你自己不愿做而又不得不做的事吗?

计分标准:

选A得4分,选B得3分,选C得2分,选D得1分。

结果说明:

(1)50分以上说明你的个人素质与创业者相去甚远。

(2)40~49分,说明你不算勤勉,应彻底改变拖沓、低效率的缺点,否则创业只是一句空话。

(3)30~39分,说明你在大多数情形下充满自信,但有时犹豫不决,不过没关系,有时候犹豫也是一种成熟、稳重和深思熟虑的表现。

(4)15~29分,说明你是一个高效率的决策者和管理者,更是一个可能成功的创业者,你还在等什么呢?

【实战工具】创业者潜力测试

创业者潜力测试

当你想要自主创业时,有必要先进行这个测试,它可以帮助你判断你自己是否适合创业?你具有多少创业者潜力?当然,这个测试结果,也是仅供参考,因为决定一个人创业能否成功要受到很多因素的制约。请根据你的实际情况来选择最符合你的描述。

测试题:

1.是否曾经为了某个理想而设下2年以上的长期计划,并且按计划进行直至完成?

2.在学校和家庭生活中,你是否在没有师长和亲友的督促下,就自动完成分派的任务?

3.你是否喜欢独自完成工作,并做得很好?

4.当你与朋友在一起时,你的朋友是否常寻求你的指导和建议?你是否曾被推举为领导者?

5.在你以往的经历里,有没有赚钱的经验?你喜欢储蓄吗?

6.你是否能够专注地做自己感兴趣的事连续10小时以上?

7.你是否习惯保存重要资料,并且井井有条的整理,以备需要时可以随意提取查阅?

8.在平时生活中,你是否热衷于社会服务工作?你关心别人的需要吗?

9.是否喜欢音乐、艺术、体育以及其他各种活动?

10.在此之前,你是否带动其他人员,完成过一项由你领导的大型活动或任务?

11.喜欢在竞争中生存吗?

12.当你在别人管理下工作时,发现其管理方法不当,你是否会想出适当的管理方式并建议改进?

13.当你需要别人的帮助时,是否能充满自信地提出要求,并且能说服别人来帮助你?

14.在你筹款或者义卖时,是不是充满自信而不害羞?

15.当你要完成一项重要工作时,是否总是给自己留出足够的时间仔细完成,而决不让时间虚度,还是在匆忙中草率完成?

16.参加重要聚会时,你是否会准时赴约?

17.你是否有能力安排一个恰当的环境,使你在工作中能不受干扰,有效地专心工作?

18.你交往的朋友中,是否有许多有成就、有智慧、有眼光、有远见、老成稳重型的人?

19.你在学校或团体中,被认为是受欢迎的人吗?

20.你自认是理财高手吗?

21.你是否可以为了赚钱而牺牲自己的娱乐?

22.是否总是独自挑起责任的担子,彻底了解工作目标并认真地执行工作?

23.在工作中,是否有足够的信心和耐力?

24.能否在很短的时间内,结交许多新朋友?

计分标准:

评分标准:答"是"得1分;答"否"不得分。统计所得分数。

结果分析:

6~10分:目前不适合创业,应当训练自己为别人工作,并学习技术和专业。

11～15分：需要在别人指导下去创业，才会有成功的机会。

16～20分：适合自己创业，但必须在所有"否"的答案中，分析出自己的问题并加以纠正、改进。

21～24分：非常适合创业，你可以从小事业开始，并从妥善处理中获得经验，成为成功的创业者。具备无限潜能，只要把握住时机，可能将是未来的商业巨子。

二、身体是创业者的本钱

 小实例

2013年12月23日，11：35，FIT输入法及相关应用开发者、创业者冯华君因鼻癌不治去世，享年31岁。FIT输入法是Mac上最流行的输入法之一，他是国内最早的几个iOS/MacOS应用开发者之一，这是一个杰出的开发者，这是一个不服输的创业者，而立之年刚过，尽管还有很多的精彩和梦想等待他去完成，尽管还有合作伙伴及妻子，他却匆匆离去。

当然，这不是第一个英年早逝的开发者，也不是最后一个过早离开的创业者。2年前，Debian开发者Frans Pop患癌症去世，2013年4月，硅谷一名40岁的华裔工程师因不堪压力自杀。

创业是一个不到尽头永远看不到终点的征途，而要完成这一征途的前提是拥有一个好的身体。保重身体，至少有一个健康的身体才有可能最终实现自己的梦想！

 相关链接 ▶▶▶

体质自我测试

一、心肺功能测试

1.爬楼试验

如一步迈两个台阶，能快速登上5层楼，说明心肺功能状况非常好；一级一级地爬上5层楼，没有明显的气喘，说明健康状况不错；一级一级地爬上5层楼，如气喘吁吁，呼吸急促，表明心肺功能适应能力差，需要锻炼；若爬上3层楼，就又累又喘，意味着心肺功能很差，身体虚弱。

2. 屏气试验

肺活量是衡量一个人健康程度的重要标志，与寿命直接相关的指标。方法是深吸气后憋气，能憋气达60秒钟表示肺活量很好，能憋气达40秒钟以上者也不错。少于30秒，就请加强有氧锻炼。

二、闭眼单脚站立测平衡

方法是两手扶于腰间，紧闭双目，选择你认为站立较为容易的一条腿单腿站立；抬起的那只脚可以抬高或者放低，但不能与支撑脚接触；记录从开始到结束的时间，结束标志是支撑脚移位或者抬起的那只脚接触到地面；进行两次测试，把较长的一次时间记录下来，其间可以变换支撑脚。如果少于6秒，那么说明要加强锻炼。

三、敏捷性测试

在地上画一个边长30厘米的正方形，两脚并拢，前后左右地跳，计算2分钟内能跳几次，少于100次，则要加强锻炼。

四、柔韧性测试

1. 摸背试验

反映肩关节的活动幅度。测试方法：站直后，举起右手，前臂向身体后下方弯曲，并尽量向下伸展。同时，用你的左手从身体后去触摸右手，尽可能使两手手指重叠。如果两手指不能触及，说明要加强肩部柔韧性锻炼。

2. 腰背柔韧性测试

较好的腰背柔韧性，能减少你发生腰背疼痛的概率。方法：坐在地板上，一条腿伸直，一条腿弯曲，脚底紧贴伸直的大腿内侧，在这一姿势下，上半身向前弯曲，用双手尽量去抱住伸直腿的脚。身体与腿之间的角度越小越好。

你的身体和精神状态适合创业吗？

创业过程充满挑战，意味着长期而艰苦工作的开始。同时，创业也意味着创业者需要更加努力、自觉地工作，将失去很多休息时间。身体健康是承受创业高强度体力和精神压力的前提，你的身体健康状况是否允许你从事这样的工作？因为在创业过程中，有时会令人非常兴奋和愉快，有时会给人带来烦恼和颓丧，你有没有这样的心理准备？这都是你准备创业时要认真考虑的。

三、创业的知识和观念

作为创业的基本素质之一的创业知识，主要包括以下三方面的知识。

（1）创业成功所需要的专业技术知识。

（2）创业之后持续发展的经营管理知识。

（3）与社会各方面交往所需要的知识。

实践证明，一种有利于创业的知识结构，不仅需要具备必要的专业知识、经营管理知识，而且还必须具备综合性知识，如有关政策、法规等知识，以及更广的人文社会科学知识。前两类知识往往是实用性的，而后一类知识则是需要实践的过程中日积月累所得到的，应该得到越来越多的关注。

四、创业的经验

创业的经验即人们由实践活动对客观事物的直接了解，是人与客观事物直接相互作用的结果。它是在直接经验的基础上，经过思维活动将感性认识上升到理性认识。在现实生活中，除此之外，人们还可以拥有间接的经验，它主要是通过别人的经验来认识客观事物的途径。可以说，创业经验是一种非知识体系的东西，但却有助于人们深刻地感悟创业这种实践活动。

五、创业的技能或行动能力

技能是人们在自己的知识经验基础上，按一定方式进行反复练习而形成的心理与生理系统。能力则是人们成功地完成某种活动所必需的个性心理特征，它包括实际能力和潜在能力两个部分。实际能力是指已经达到某种熟练程度和已经表现出来的能力；潜在能力是指尚未发挥出来的能量，但可以通过学习或训练之后发展起来的能力。

技能、知识、经验、能力之间是相互联系、相互转化的，知识、经验、能力是掌握技能的前提，它们制约着掌握技能形成的速度、深浅度、难易度、灵活性和巩固程度，而技能的形成与发展有助于知识的积累、经验的形成和能力的培养。当然，行动能力也非常重要，只有技能而缺乏行动力，那是很难成功的。其实，许多人没有成功，缺乏的就是行动力。下面是一份有关行动能力的测试卷，你可以作为参考给自己测试一下，看看自己的行动能力到底如何。

【实战工具】看看你的行动能力 ▶▶▶

看看你的行动能力

指导语：

行动是实现目标的必要条件。没有行动能力的人，在机会到来时也可能轻易让机会溜掉；相反行动能力强的人，不但能抓牢机会，而且能主动创造机会。下面的测试题，请你根据自己的实际情况回答。请在"是"与"否"两个答案中选择一个。

测试题:

1. 既定的目标一定要实现。
2. 一旦事情考虑成熟,立即付诸实施。
3. 失败再多也不气馁。
4. 有比一般人更强烈实现目标的愿望。
5. 有只要做、便能成功的自信心。
6. 对工作能集中精力,持久性长。
7. 在大脑中一闪念的事物,也能去努力实现。
8. 认准的事一定要干到底。
9. 对合作者能一直信赖。
10. 对要做的事,一件一件地去完成它。
11. 为了实现目标,往往全力以赴。
12. 经常盼望机遇的到来。
13. 与专心思考相比,更多的是身体力行。
14. 一直得到许多人的帮助。
15. 方案的确定周密详细,操作性很强。

计分标准:

回答"是"计1分,"否"计0分,然后将得分予以汇总。

结果分析:

4分:行动能力很差,或者被称为不想行动,害怕失败,因此谨小慎微。

9分:行动能力一般。行动的选择依赖自己的好恶和情绪,不具有稳定性。

14分:行动能力很强,可以说非常超群。能仔细准确地观察周围事物的变化情况,打破自我,开放思路,可望取得大成就。

六、创业的个性或人格特征

个性或人格是一个人具有一定倾向性的心理特征的总和,包括潜能、气质、性格、动机、兴趣、理想、信念等。它们之间是相互联系的,如果有机地把它们结合在一起,可以对人的行动进行调节和控制。在创业人格中,它们是一个综合性的整体,共同影响着人实际行动的成效。

七、创业精神意识

创业精神的实质是采取行动,提出开办企业的想法,探索成为企业家的过程，首创、发展和拥有企业。想成为一个成功的创业者需要具备以下三个方面的意识。

（一）改革创新意识

改革创新意识，是指人们在认识和改造世界的过程中所表现出的积极、主动、自觉的进取意识，富有不满现有成果、冲破旧的框架、追求新的思维和新的事物的思想倾向，这是创业精神的**核心内容**。

（二）艰苦意识

艰苦意识，是指在创业的过程中，勇于迎接各种挑战，奋力克服各种困难，这是创业精神的**必要条件**。

艰苦奋斗是中华民族的传统美德，在新的历史条件下，把艰苦奋斗的革命法宝和奋发向上的创业精神结合起来，发扬光大，也是"与时俱进"的必然要求。

（三）价值意识

价值意识，它是指一种满足人类需求，促进社会进步的价值追求，这是创新精神的根本宗旨。创业精神所关注的是"是否创造新的价值"，因此，创业的关键在于创业过程能否"将新事物带入现存的市场活动中"，包括新产品或服务、新的管理制度、新的流程等。创业精神指的是一种追求机会的行为，这些机会还不存在于目前资源应用的范围，但未来有可能创造资源应用的新价值。简言之，就是要"发掘机会，组织资源建立新公司，进而提供市场新的价值"。

运营一个企业有时能把你的意志耗尽。尽管有些企业主感觉自己被肩上的责任重担压垮了，但是强烈的创业激情和坚强的意志，却能够使其企业成功，并且在遇到经济衰退等困难的时候帮助他顽强地生存下来。因此，毕业生要检查你选择自主创业道路的原因，确认这些原因在今后创业的道路上无论碰到什么困难，都将激励你勇敢地坚持下去。至少你的创业冲动能够强到使你长时间保持创业的激情。

同时，要认真检查你个人拥有的技能、经验和意志。因为有可能在相当长的一段时间内，企业的业务没有进展，有可能会出现与员工发生思想激烈碰撞的现象，不理解你、不支持你的现象也可能会经常发生，这将会使你感到郁闷、孤独，你准备如何承受？你承受得了吗？

下面的相关内容是《福布斯》杂志遴选出在创业过程中需要不停回答的二十个最重要的问题，你可以作为参考，看看自己有没有这些问题需要改善。

相关链接 ▶▶▶

创业中需问自己的问题

《福布斯》杂志遴选出在创业过程中需要不停回答的二十个最重要的问题，无论你是想建立一个伟大的商业帝国，或只是想开家小公司，都先问问自己以下这些问题吧。

一、你的价值主张是什么

如果你不能用三句或更少的大白话解释清楚客户需要你产品的理由，你就没有价值主张，因此也就没有生意可言。

二、你的产品是否有可行市场

《宋飞正传》（Seinfeld，美剧）中的克莱默相信，曼斯耳热男性胸罩是开启财富大门的钥匙。他并没有经过市场调研，更没有想过吸引风险投资。永远不要以为在市场需求存在之前，你可以创造需求。不要寄希望于下一个曼斯耳热。

三、你的产品与竞争产品有何差异

没错，星巴克使人们相信自己需要价值4美元的含咖啡因调和物，路易·威登可以让人们用1500美元买下牛仔布材质的手袋。只靠营销无法做到这一切。如果你想赢得业务，你需要提供其他公司所没有的有形价值。如极低的价格（沃尔玛）、巧妙的产品设计（苹果）、极大的便利（联邦快递）。找出你的优势并强化它。

四、是否具有业务规模？

小富和大富之间的差距是规模。有规模的企业能够用极低的成本生产下一个部件。以软件为例：一旦微软倾力研发出视窗操作系统的代码，每个拷贝的增量成本是微乎其微的。什么商业模式不需要规模？不过服务业的营业额越高，需要的人手越多。

五、为实现这一切，你要投入什么？

你有家庭和两个孩子。为了使业务走上正轨，你准备在未来2年内，每周工作100小时吗？一个合理的警告是：**如果想开创事业，就要准备付出一切。**

六、你的强项是什么

谷歌拥有强大的搜索算法，施坦威利用木材创造奇迹，思科能嗅出有前途的新技术，并购买它们。找出你的强项，并坚持下去。也许这是显而易见的理念，很多热心的企业家都迷失了方向，尤其是当世界看上去充满了可能性时。

七、你的短处是什么

有所为，有所不为。如苹果不会在iPhone中安装照相机，它从别人手中购买相机。无数网上商户将网站和后台支付系统的设计外包。浪费资源只会变得平庸，这无异于自杀。专注于你所了解的领域，寻找可信任的伙伴去处理其他事情。

八、你的客户会支付什么价格

为什么顾客愿意支付2倍于普通漂白剂的价格，去购买高乐氏产品？谁知道呢，但是，不论是iPhone或一瓶漂白剂，制订出客户愿意支付的上限，是任何商业模式的最大关键之一。咨询公司由于帮助公司制订合理价格，得到丰厚的报酬。

九、你的买家拥有多大权力

没有人只想把刮刀卖给镇上唯一一家车窗清洗公司。如果客户要求大降价、流失或倒闭，业务就结束了。应使客户群多元化，分散经营风险。

十、你的供应商拥有多大权力

供应商数量越少，变数越大。多结松木落地钟的生意听上去不错，但是，如果松木原料的产地只有一个，那怎么办？答案是：你要付出代价。你同样要当心那些饥不择食的低成本供应商，他们不会在乎产品质量。

十一、应当如何销售产品

戴尔电脑跳过零售商，直接将产品卖给顾客，技术支持很有限。通用汽车和可口可乐依靠经销商来配送车辆和汽水。诸如拉尔夫·劳伦（Ralph Lauren）这样的服装公司采用内外渠道并举的方式。苹果一直在增加时髦的体验店，用精通技术的极客级客服代表和现场的产品教程加以完善。不管使用什么销售模式，务必保证它符合你的总体经营战略。

十二、应当如何营销产品

20世纪90年代，美国在线斥巨资在全球推广免费试用软件，最后只能通过资本化来弥补这些开支，掩盖财政大出血。

十三、市场新入者的威胁有多大

有钱赚的地方就有竞争。如果不构成直接的对手关系（参见在浏览器市场微软和网景之争），那么替代技术会带来优势（看看数字电影为柯达带来了什么）。通过登记专利，保障可观的租约货单，建立忠实的追随者，便可以在新入者进入之前建立起门槛。

十四、如何保障知识产权

比如，你发明了一辆仅使用太阳能就可以开到每小时150公里的汽车。过了几个月，五个狡猾的竞争对手利用反向设计法制造出这种车辆，并将自己的品牌投入市场。因此，在你的原型公之于众前，请登记临时专利。这样做可以将你的创意保护1年,你可以利用这一段时间进行完善。

十五、需要多少创业资本

初期投资者或小型企业顾问会告诉你,大多数企业倒台的原因都是资本不足。这方面没有绝对的定律,不过犹他州奥勒姆牙医办公室软件厂商Curve Dental的总裁吉姆·帕克(Jim Pack)认为:恐怕你要将最初的估计翻一番。

十六、如何融资

有一些选择,包括信用卡(很危险)、投资人、风险资本、银行贷款(看运气),以及最昂贵的一条途径——股票。不过,向公众出售股份会伴随一大堆头疼的问题,包括所有权稀释、失去控制和监管障碍。如果可以的话,白手起家,自食其力。最后要记住拿捏好资金的流入与流出时机,从而承受住债务。如果时机不匹配,可能会有麻烦。

十七、要想在初期生存下来,需要多少现金?

很多企业家吹嘘像曲棍球杆一样稳步上升的财政计划,当好时机来临时,他们的腰包已经空了。因此,要等到现金入大于出之后再添加足够的缓冲资金。

十八、你有什么样的财务计划?

如果没有目标,你便不能领导企业。两个里程碑:在一定时间内涌入企业的现金比流出的现金更多;收回初始总投资的那一刻(包括根据货币的时间价值进行的调整)。财务计划应当合理。如果绘制出过于诱人的前景,老练的投资者便会走开;更要命的是,你会资金短缺。

十九、如何让员工保持开心?

员工只有开心的工作,才能创造更多的效益。如果员工工作只是出于生计,为了完成一项任务而工作的话,那么企业的发展必定堪忧。

二十、最后一步是什么?

让自己的企业成为第一个吃螃蟹的人?My Space是这样,Facebook不是这样。不同的最后一步需要不同的战略。时刻记住自己想要做什么。你要搞清楚,你是想建立起下一个大商业帝国,还是只是想赚笔钱就走人。

第二节 培养创业基本能力

一个人要想创业,必须有相应的创业能力作为保证,只有不断提高自己的创业能力,才能迅速跨入创业之门。你在技术上可能出类拔萃,但理财、营销、沟通、管理方面的知识却普遍不足,不熟悉经营的"游戏规则"。要想创业获得成功,除具备很强的执行能力(有毅力、能坚持),还要具备基本的商业头脑。总而言之,你要做老板,必须具备一些创业基本能力。

一、战略管理能力

战略是依据企业的长期目标、行动计划和资源配置优先原则设定企业目标的方法。因为战略是为企业获取可持续竞争优势,而对外部环境中的机遇和威胁以及内部中的优势和劣势做出的反应,它是对企业竞争领域的确定,所以战略就是企业的生命线,战略也是企业腾飞的起跳板,一个及时、果敢、英明的战略决策是企业由小到大、化蛹成蝶、由平凡到伟大的最初推动力,错误的战略会葬送一个企业。战略管理能力包括战略思维、战略规划和设计等,是一个创业者的核心领导能力。

二、决策学习能力

正确决策是保证创业活动顺利进行的前提。尤其是有关创业机会的识别和选择,创业团队的组建,创业资金的融通,企业发展战略以及商业模式的设计等重大决策,直接关系着对创业全局的驾驭和创业的成败。要决策正确,要求创业者具有较强的信息获取和处理能力,能敏锐地洞察环境变动中所产生的商机和挑战,形成有价值的创意并付诸创业行动。特别是要随时了解同行业的经营状况及市场变化,了解竞争对手的情况,做到"知己知彼",以便适时调整创业中的竞争策略,使所创之业拥有并保持竞争优势。同时,通过不断进行创新思维和创新实践,进行反思和学习,总结创新经验,汲取失败教训,及时修正偏差和错误,进一步提高决策能力,促进企业健康成长。

 小实例

> 1988年,长虹日营业额均在200万元以上。然而当年12月9日销售额骤减,许多人都感到不解,倪润峰通过12月中旬的一份《经济日报》看出问题的症结——国家将对彩电征收消费税。此税摊在谁头上?各商家一片惶恐。倪润峰果断决策:抛开商家,直接向消费者零售,在商家和绝大多数厂家观望时,长虹利用元旦、春节创造了回笼资金1.5亿元的"长虹神话"。同行在羡慕之余,不得不佩服倪润峰对经济规律的深刻认识和强烈的市场意识。

三、经营管理能力

经营管理能力是指对人员、资金及企业的内部运营的能力。它涉及人员的选择、使用、组合和优化；也涉及资金聚集、核算、分配、使用、流动。

经营管理能力是一种较高层次的综合能力，是运筹性能力，包括团队组建与管理能力、市场定位与开拓能力，企业文化设计与培育、应付突发事件能力等。其中团队组建能力十分重要，一个企业需要细致的"内管家"、活跃的"外交家"、战略的"设计师"、执行的"工程师"、发散思维的"开拓者"、内敛倾向的"保守派"；需要技术研发、市场开拓和财务管理等方方面面的人才，工作分工不同，需要不同个性的人。

创业者既需要能够把不同专长、不同个性的人凝聚在一起，更要能够让他们在一起融洽、愉快地工作，组成优势互补的创业团队，形成协同优势。可以说，经营管理能力是解决企业生存问题的第一要素。

 小实例

亿万富翁摩根被人称为银行界大王，但令人不能理解的是他不知道自己赚了多少钱，也不清楚自己有多少资产。一次，摩根先生因为某件案子与人对簿公堂，当律师问起摩根在1901年购买北太平洋公司1500万美元的股票时，有这样一段话，律师问："那些股票现在值多少钱？"摩根答："不知道。"律师又问："贵公司赚了多少钱？"摩根答："不知道。""为什么不知道呢？"律师疑惑不解，但又穷追到底："你是老板，怎么会不知道呢？说出来吧，究竟是100万元还是1000万元。"摩根还是坚持说："我的确不知道，我当时没有细问，只是对我的代理人斯蒂尔说：'买进'，其余的事情我就一概不知道了。如果你们要知详情，那么去问斯蒂尔，他会告诉你们一切。"这时，法庭为之肃然。

摩根的回答体现了他统揽全局的领导艺术。摩根从小就在金融界工作，当他成为银行老板时，他利用过去积累的丰富经验管理各项工作。他挑选有才干的代理人，然后吩咐他们去做，自己就变得悠闲超脱，高枕无忧，突现出他的至尊地位。

四、专业技术能力

专业技术能力是创业者掌握和运用专业知识进行专业生产的能力。专业技术能力具有很强的实践性，许多专业知识和专业技巧要在实践中摸索，逐步提高发展、完善，具体方式如下。

（1）创业者要重视创业过程中专业技术方面经验的积累和职业技能的训练，对于书本上介绍过的知识和经验在加深理解的基础上予以提高、拓宽。

（2）对于书本上没有介绍过的知识和经验需要自己探索，在探索的过程中要详细记录、认真分析，进行总结、归纳，上升为理论，形成自己的经验特色并积累起来。只有这样，专业技术能力才会不断提高。

五、交往协调、资源整合能力

交往协调能力、资源整合能力是指能够妥善的处理与公众（政府部门、新闻媒体、客户等）之间的关系，以及能够协调下属各部门成员之间关系的能力。创业者应该做到妥当的处理与外界的关系，尤其要争取政府部门、工商以及税务部门的支持与理解，同时要善于团结一切可以团结的人，团结一切可以团结的力量，求同存异、共同协调发展，做到不失原则、灵活有度，善于巧妙地将原则性和灵活性结合起来。在交往中，必须尊重他人的自尊心和感情，只有树立平等待人的意识，才能为交往创造良好的条件。

 小实例

> 英国著名戏剧作家萧伯纳有一次访问前苏联，漫步莫斯科的街头，遇到一位聪明伶俐的小姑娘，便与她玩了很长时间。分手时，萧伯纳对小姑娘说："回家告诉你妈妈，今天同你玩的是世界上有名的萧伯纳。"小姑娘望了萧伯纳一眼，学着大人的口气说："回家告诉你妈妈，今天同你玩的是苏联小姑娘安妮娜。"萧伯纳当时大吃一惊，立刻意识到自己太傲慢了，后来他常回忆起这件事，并感慨万分地说："一个人无论有多大的成就，对任何人都应该平等对待，要谦虚，这个苏联小姑娘给我的教训，我一辈子也忘不了！"

总之，创业者搞好内外团结，处理好人际关系，才能建立一个有利于自己创业的和谐环境，为成功创业打好基础。

协调交往能力在书本上是学不到的，它实际上是一种社会实践能力，需要在实践活动中学习，不断积累总结经验。这种能力可以通过以下方式来形成。

（1）要敢于与不熟悉的人和事打交道，敢于冒险和接受挑战，敢于承担责任和压力，对自己的决定和想法要充满信心、充满希望。

（2）养成观察与思考的习惯。社会上存在着许多复杂的人和事，在复杂的人和事面前要多观察多思考，观察的过程实质上是调查的过程，是获取信息的过程，是掌握第一手资料的过程，观察得越仔细，掌握的信息就越准确。观察是为思考做准备，观察之后必须进行思考，做到三思而后行。

（3）处理好各种关系。可以说，社会活动是靠各种关系来维持的，处理好关系要善于应酬。应酬是职业上的"道具"，是处事待人接物的表现。心理学家称：应酬的最高境界是在毫无强迫的气氛里，把诚意传达给别人，使别人受到感应，并产生共识，自愿接受自己的观点。搞好应酬要做到严于律己，宽以待人，尽量做到既了解对方的立场又让对方了解自己的立场。协调交往能力并不是天生的，也不会在学校里就形成了，而是走向社会后慢慢积累社会经验，逐步学习社会知识而形成的。

六、创新能力

创新是知识经济的主旋律，是企业化解外界风险和取得竞争优势的有效途径，创新能力是创业能力素质的重要组成部分。它包括两方面的含义。

（1）大脑活动的能力，即创造性思维、创造性想象、独立性思维和捕捉灵感的能力。

（2）创新实践的能力，即人在创新活动中完成创新任务的具体工作能力。

创新能力是一种产生新想法，解决新问题的能力。创新能力是一种潜能，需要人们去开发、挖掘。

创业者要培养创新能力，必须有超越传统的思维方式。

小实例

联邦快递（Federal Express）公司成立于1973年，全球总部设在美国的田纳西州孟菲斯，联邦快递公司的创立者、总裁弗雷德·史密斯的父亲是位企业家，创立了一家经营得很好的巴士公司。20世纪60年代，弗雷德在耶鲁大学读书，他撰写过一篇论文，提出一个超越传统上通过轮船和定期的客运航班运送包裹，建立一个纯粹的货运航班，用以从事全国范围内的包裹邮递的设想。弗雷德专门用于包裹邮递的货运航班为全国以及后来的全世界客户提供了方便、快捷、准时、可靠的服务，创新的营销模式为其提供了低成本、高效、安全和全天候的物流系统。目前，联邦快递以其无可比拟的航空路线以及强大的信息技术基础设施，在小件包裹速递、普通递送、非整车运输、集成化调运系统等领域占据了大量的市场份额，成为全球快递运输业泰斗，迅速发展为世界500强企业。

生活中我们就应该多联想，多思考，做个有心人。

小实例

美国某市有个叫杰伊的做房地产经纪生意的商人由于生意惨淡，一个人去咖啡屋喝牛奶。当他撩起餐巾布包着滚烫的牛奶杯往嘴边送时，不慎打翻了牛奶，溅在腿上，着实给烫了一下。当时他十分恼火，继而他又异想天开，就不能给咖啡杯牛奶杯之类的开发生产一种既漂亮又得手的隔热装置吗？每天全国有数以千万的人要喝煮过的咖啡和牛奶，岂不是很有市场。于是他抛开房地产经营很快用箔纸板设计开发出一种"爪哇隔热罩"，不多久，该市所有的咖啡馆率先就一举"武装"上了，后来广告一打出，全国各地订货的客商络绎不绝，杰伊开发生产的"爪哇隔热罩"每月要销出450万个，他一举发了大财。

七、信息获取加工能力

信息是人们能够识别的，具有新内容的消息、情报、数据和资料的统称。具有真实性以及时间和空间的确定性。信息是客观事物的主观反映。

（一）信息的内容

一切与人类活动相关的情况都可以成为信息的内容。可分为：经济信息、政治信息、文化信息、科学与技术信息以及其他各类信息。

（二）信息的搜集

信息搜集是指采用科学方法，通过有关渠道，有意识地汇集、提炼信息的过程。搜集的原则：准确、及时、全面、经济。

（三）信息的加工

通过各种途径获得某一类相关的信息，但是这些信息并非是所需要信息，必须予以加工，满足自己的需要。

八、个人潜能挖掘能力

每个人都有潜能，作为创业者，你要通过以下途径来挖掘自己的潜能。
（1）要有积极的思维，用最积极的思考，最乐观的精神支配和控制自己的人生。

（2）战胜失败，决定一个人成功与否的最关键因素是他怎样对待失败。

（3）创业者要具有远见，并按远见规划自己的道路，寻找实现理想的途径。

（4）在工作当中，要在远见的基础上，确立自己明确具体的奋斗目标。

第三节　选择创业项目

在创业过程中，项目选择很重要。在激烈的市场竞争中，一个微乎其微的信息可能就是一个优秀的创业项目，可以获得可观的经济利益。好的创业项目等于一个好的开始，成功创业靠的就是好的创业项目，那么你应该如何选择创业项目呢？

一、适合自己的才是最好的

俗话说："隔行如隔山"。你在选择创业项目的时候，要尽量选择与自己的专业、经验、兴趣、特长相符合的创业项目。俗话说，兴趣是最好的老师，只要你对某项事情感兴趣一般都容易做到事半功倍。此外，创业项目一定要选择自己熟悉或者热爱的行业，这样才能够在创业之路上坚持下去。

相关链接 ▶▶▶

创业项目推荐

1. 适合应届毕业生创业的项目

（1）借助学校品牌的项目：各类教育与培训，成熟的技术转让，各种专业的咨询。

（2）利用优势的服务项目：家教服务中心，成人考试补习，会议礼仪服务，发明家俱乐部，速记训练经营，出租旅游用品。

（3）可以独立运作的专业项目：可以拆分开的业务，图书制作前期工作，各类平面设计工作；各种专项代理业务。

（4）利于对外合作的项目：婚礼化妆司仪，服装鞋帽设计，各类信息服务，主题假日学校。

（5）小型多样的经营项目：手工制造，特色专柜，网络维护，体育用品。

2. "小本经营"的项目

目前市场上一些"小本经营"的项目，可帮应届毕业生创业者开阔思路。

（1）餐饮食品：投资2万元可做奶店老板或开家社区小厨房。

（2）咨询服务：3000元办水电维修中心，小规模投资的信息服务。
（3）服装时尚：1000元开办擦地拖鞋服务，1万元开外贸服饰折扣店。
（4）美容护养：千元开办花卉护理中心，3万元开家美甲店。
（5）玩具投资：5万元开拼图小店或玩具租赁业。
（6）宠物经济：万元网上宠物店，3万元起家做宠物生意。
（7）数码科技：2万元开一家自拍照相吧，万元开家老照片数码设计店。
（8）日化家居：8万元开家眼镜店。

当然，所有这些项目，都应该有一个策划案——要详尽、有创意、可操作。其中有的已经有过实践演练，就更具有借鉴价值。

二、市场前景决定成败

创业者需要具备一定的市场洞察能力，在确定创业项目之前，你要考察当地市场，了解市场的特征与需求。有些产品虽然需求大，但成本高、利润低，不利于资本的积累。还有些行业可能市场已经饱和或者已经处于产品生命的衰退期，这都需要你进行判断。

三、周密考察、科学取舍

创业项目本身是否科学也是创业成功的关键。在这个信息充斥的时代，许多人都是根据信息来选择项目的。不过，千万不能人云亦云，对信息一定要进行考察、分析，周密的考察和科学的取舍必不可少，没有经实地考察和对现有的经营情况进行了解，不要轻易投资。

 小实例

郑新，学的是食品科学专业，2012年毕业之后，他和其他毕业生一样，四处找工作。他找到的第一份工作是销售。"干了一段时间，就辞职了。主要是因为收入偏低，不能满足基本的生活需求。"郑新说。之后他又转行开始做短信平台，前期投入了1万元钱。不过那时真的没有什么钱了，短信平台还没有盈利，他就想兼职干点儿别的。因为毕业之后一直居住在学校周边的小市场附近，所以他就将目光放在了这个市场。

在市场里转悠了几天之后，他发现小市场的豆浆都不是现场磨制的，他就抓住这个商机，买了几台豆浆机，开始了一边卖豆浆，一边工作的生活。

郑新的豆浆第一天卖了一百多元，第二天就翻番了。这让他看到了希望，也看到了商机。因为本身学习的就是食品科学专业，他想到了做一些早餐和豆浆一起卖，研制"豆豆饼"的念头这样产生了。

郑新的"豆豆饼"借鉴了原有的西点制作原理，又结合中式面点调馅的技术，经过300℃高温短时间的加工工艺，既保持了丰富的营养，又保留了外酥里嫩的独特口感，改变了传统馅饼的单调口味。因为是出自大学生之手，还一度被称为"大学生烤饼"。

没想到生意还不错，于是他就专心做早餐，把原来的工作辞掉了。现在郑新正研究申请专利的事，"豆豆饼"平均每天的毛收入接近3000元，纯利润大概占50%左右。一个月怎么也能净赚4万多块钱，比上班收入高。

 相关链接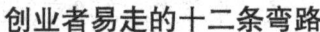

创业者易走的十二条弯路

（1）思维受限制，不能立足长远，总想赚快钱，寻找短平快项目。有的人嫌赚钱时间太长看不到希望或者急功近利，办企业更想立竿见影，马上就能盈利，而一般1～2年的创业亏损期却不愿承担，不少人到外地创业，还没有把当地市场情况摸清楚，就贸然投进去，做到一定时候才发现问题，但是抽身已经来不及了，现在我国经济增长相对平稳，尤其传统产业很少有爆发的机会，只能靠磨时间积累财富。

（2）只注重硬件的投入，在软件上却舍不得投资。现在开办的许多服务场所设备、装修都不错，但感觉服务质量、人员素质、管理水平却不高。

（3）在创业初期，财务上没有遵循审慎原则，大多比较冒险，因为对业务前景过于乐观，没有预留足够的准备资金，在生意不顺利时，财务上往往面临资金周转不灵的问题。

（4）单纯以为商业经营万事不求人，而独在小楼自成一体，这样的经营很难能获得会计师、律师、商业顾问的专业知识与经验，企业只能在低水平层次上经营，却不能充分利用政府的优惠创业政策、合法避税，有时还有意无意触犯法律，反而留下法律上的后遗症。

（5）企业的经营理念不清、不执著。有人可能认为1～2个人的小企业、小餐馆不需要经营理念、哲学，认为那些东西太高了，谈企业文化是大企业的事情，只有紧跟着市场流行变化走才比较实惠。这种想法不能算错，从商业生态的角度上讲，各种各样的企业都有其生存的必要，所以，如果创业经营相对有特点和特色，肯定会更容易获得顾客的认同。

（6）没有考虑当地文化的背景。我国的整体市场是由一个个区隔市场组成的，如何获得尽可能多的区隔市场、适合更多当地的需求以及面对各层次员工的雇用和管理都是要面对的课题，这可比在当地的经营环境更为复杂，因为要避免区隔文化的振荡，许多人都把自己局限在当地自己熟悉的小的圈子内，业务的开展范围当然也就非常狭窄。

（7）创办人缺少必要的经营企业的经验。许多人尽管在政府、研究机构、大专院校或者大中型企业工作过，但是本身却没有兴办民（私）营企业的经历，即使在先前办成功过企业，那也是与现代的市场规则有着相当差异的，所以现代的创业者办企业尤其不可缺少的是市场感觉和管理经验。

如果你已经开始计划创业经营，那首先要做的也是最基本的，就是应该学习和熟悉你所面临地区的经商文化和环境、商业惯例、公司法、受雇标准、环保法规，以及公司管理的一般方式等，但是你所关注并且看好市场前景已经准备实施的商业经营也不一定绝对成功，所以一定要有从头开始、第二次创业的精神和物质准备。

（8）没有进行事先详细周密的市场调查，只是道听途说某某行业好赚钱，就贸然投资进去。在国外做生意通常要委托专门的市场调查公司作专项调查，而我们国人往往头脑一热拍脑袋凭直觉来决策，而且更多的因素是为节省这笔费用而免去这个环节，但是自己又没有能力作系统的市场分析。

（9）生意上贪大求新，野心很大，排场不小，却往往超过了自己的经济承受能力。一些人尤其是曾经成功的商人，不愿意再从最小的公司做起，希望一开始就是大的资金起点，规模搞得很大、固定费用不少，但是一旦业务遇到一些困难，企业就很容易倒闭。

（10）没有从自己最熟悉、最特长的业务起步，往往听说什么赚钱，就开什么店，做什么业务，在业务深入到一定程度后，方才发现自己的经验、知识、能力和人际关系都与业务不吻合甚至相去甚远，从而导致失去竞争能力。

（11）打价格战，国人讨价还价现在已经成为生活中的习惯，而业内圈子内不合理价格竞争也一直在上演，其结果是要么偷工减料以保证利润，要么保证质量而仅微利甚至亏损，如以薄利多销为策略经营，则会有不得不经营低档货的可能。

（12）缺乏依法经营和自律观念。毋庸讳言，在国内一些人的正常经营是靠钻法律空子或者走政策边缘而发财的，如把这种思维定势带到创业初期，则必然会导致出现许多法律的不良后果，一些企业以侥幸心理雇用学生黑工、不执行最低工资保障、不给买必要的保险、没有必要的消防措施等，一旦出现问题，则可能产生巨大损失甚至受到法律制裁。

第四节　如何选择创业合伙人

电影《中国合伙人》的热映，创业"合伙人"也一跃成为热议话题。影片中个性迥异的三位合伙人历经了各自的落寞，事业的浮沉，"意见相左"的针锋相对，最终并肩作战取得了成功，赢回了尊严。合伙人对于创业成败的意义，怎样选择自己的创业合伙人，这也成为众多创业者必须思考的一个问题。

一、创业初期合伙人是关键

杉杉控股集团执行总裁任伟泉认为"在创业的过程中，合伙人就是我们最可靠的伴侣。合伙人之间的相互协调相互合作就是创业初期的中流砥柱"。

在现实生活中，"合伙人纠纷"、"被合伙人骗"、合伙人内耗退伙导致企业衰败这样的事件早已屡见不鲜。清科集团清科创投董事总经理屈卫东先生也认为："商业合伙人，生活中也必定是好朋友。在尔虞我诈的商场上，各怀鬼胎的合伙人是一枚定时炸弹。合伙人之间的互相信任是创业稳步发展的保障"。

 相关链接 ▶▶▶

合伙人必备基本素质

1. 志向远大

21世纪，最大的危机是没有危机感，最大的陷阱是满足。人要学会用望远镜看世界，而不是用近视眼看世界。顺境时要想着为自己找个退路，逆境时要懂得为自己找出路。

2. 学习力强

学历代表过去，学习力掌握将来。懂得从任何的细节、所有的人身上学习和感悟，并且要懂得举一反三。学一次，做一百次，才能真正掌握。学、做、教是一个完整的过程，只有达到教的程度，才算真正吃透。在更多时候，学习是一种态度。只有谦卑的人，才能真正学到东西。

3. 勇于实践

只有行动才会有结果。行动不一样，结果才不一样。知道不去做，等于不知道，做了没有结果，等于没有做。不犯错误，一定会错，因为不犯错误的人一定没有尝试。错了不要紧，一定要善于总结，然后再做，一直到正确的结果出来为止。

4.舍得付出

要想杰出一定得先付出。斤斤计较的人,没有点奉献精神,是不可能创业的。要先用行动让别人知道,你有超过所得的价值,别人才会开更高的价。

5.善于沟通

沟通无极限,这是一种态度,而非一种技巧。一个好的团队当然要有共同的愿景,非一日可以得来。需要无时不在的沟通,从目标到细节,甚至到家庭等,都在沟通的内容之列。

6.诚恳大方

每人都有不同的立场,不可能要求利益都一致。关键是大家都要开诚布公地谈清楚,不要委曲求全。相信诚信才是合作的最好基石。

二、寻找合伙人的核心是互补

人有所长,必有所短。选择的时候要看清其长,以后也要学会包容对方的短。这里说的是性格,不是价值观。**所谓取长补短,是取别人的长补自己的短,此为团队的真正价值。**长城不是一人筑成。想做出点成绩,就得有做事情的开放心态。

在电影《中国合伙人》中,因为公司是否"上市"而闹得不可开交的两位合伙人成东青和孟晓骏终于在王阳的婚礼后分道扬镳,夹在中间左右为难的王阳说出了经典台词"千万别跟丈母娘打麻将,千万别跟想法比你多的女人上床,千万别跟好朋友合伙开公司",也颇为耐人寻味。

任伟泉认为"寻找合伙人的核心就是性格的互补性,团队之中各司其职的基础就是各个合伙人拥有不同的技能和特质,相辅相成,从而达到一种等量的平衡,才能让团队合作紧密,效率达到最高。"

 相关链接 ▶▶▶

合伙企业优势和劣势

对于合伙企业是指合伙人之间以合同关系为基础的企业组织形式,为了共同的目的,相互约定共同出资、共同经营、共享收益和共担风险。合伙企业分为普通合伙和有限合伙。

1.主要优势

(1)注册手续简便,费用低。注册方式与独资企业类似,关键在于合伙人之间的共同协议,合伙企业运行的法律依据就是他们之间的协议。

(2)有限合伙中有限合伙人承担有限责任,易吸引资金和人才。合伙企业最大的风险就是无限责任，有限合伙有效地解决了这个问题。一是合伙企业通过普通合伙人经营管理并承担无限责任，保持合伙组织的结构简单、管理费用较低、内部关系紧密及决策效率高等优点；二是可以吸引那些不愿承担无限责任的人向企业投资，也可以吸引企业所需要的人才。

（3）税收较低。与独资企业一样，只需要缴纳企业所得税，不用缴纳个人所得税。年营业额3万元以下的，税率为18%；年营业额3万～10万元，税率为27%；年营业额11万元以上的，税率为33%。

2. 主要劣势

（1）无限责任。合伙企业最大的风险就是无限责任，同时还有连带责任。一旦合伙人中某一人经营失误，则所有合伙人都会被连累，因此合伙人的选择和合伙协议的拟定就相当重要。有人认为连带责任可以在合伙协议中用相应的条款规定分担比例，减少个人风险，不过我国的法律规定合伙人之间的分担比例对债权人没有约束力，债权人可以根据自己的清偿权益，请求合伙人中的一人或几个人承担全部清偿责任。

（2）易内耗。公司是资本说了算，而合伙企业各合伙人平均享有权利，这是它的优点，但也会带来问题。合伙人一旦有隙，企业决策就难达成一致意见，互相推诿。业务开展困难。如果合伙品质有问题，则后患无穷。

（3）合伙人财产转让困难。由于合伙人的财产转让影响合伙企业和合伙人的切身利益，因此法律对此要求严格。向外转让必须经全体合伙人同意，而不是采取少数服从多数的原则。退伙也存在这个问题，除非在拟定合伙协议时有明确规定，否则很难抽身而退。

第五节　做好市场调查

你在创业之前一定要做好市场调查，主要是因为前期调查对于制订以后的创业计划有着至关重要的作用。来源于调查的一些数据和分析可以为今后在进货控制、价格制订以及宣传策略等方面提供参考。有的人往往会根据朋友的介绍确定市场情况，这样会因个人观察角度不同而可能得到不准确的信息。

一、市场调查的内容

（一）市场需求调查

市场需求调查主要包括市场需求量和市场需求趋势两个方面，具体如图1-1所示。

方面一 市场需求量

如果你要生产或经销某一种或某一系列产品,应对这一产品的市场需求量进行调查。也就是说,通过市场调查,对产品进行市场定位。比如你提供一项专业的家庭服务项目,你应调查一下居民对这种项目的了解和需求程度,需求量有多大,有无其他人或公司提供相同的服务项目,市场占有率是多少

方面二 市场需求趋势

了解市场对某种产品或服务项目的长期需求态势,了解该产品和服务项目是逐渐被人们认同和接受,需求前景广阔,需求萎缩,还是逐渐被人们淘汰,了解该种产品和服务项目从技术和经营两方面的发展趋势如何等

图1-1 市场需求调查

(二)顾客情况调查

顾客情况调查包括两个方面的内容,具体如图1-2所示。

方面一 顾客需求调查

如购买某种产品(或服务项目)的顾客大都是些什么人(或社会团体、企业),他们希望从中得到哪方面的满足和需求(如效用、心理满足、技术、价格、交货期、安全感等),现时哪些产品(或服务项目)能够或者为什么能够较好地满足他们某些方面的需要等

方面二 顾客分类调查

重点了解顾客的数量、特点及分布,明确你的目标顾客,掌握其详细资料,如果是某类企业和单位,应了解这些单位的基本状况,如进货渠道、采购管理模式,联系电话、办公地址,某项业务负责人具体情况和授权范围,对某种产品和服务项目的需求程度,购买习惯和特征。如顾客是消费者个人,应了解消费群体种类,即目标顾客的大致年龄范围、性别、消费特点、用钱标准,对某种产品和服务项目的需求程度,购买动机、购买心理、使用习惯等

图1-2 顾客情况调查

(三)竞争对手调查

在开放的市场经济条件下,做独家买卖太难了,在你开业前,也许已有人做相同或类似的业务,这些就是你现实的竞争对手。也许你开展的业务是全新的,有独到之处,在你刚开始经营的时候,没有现实的对手;一旦你的生意兴旺,马上就会有许多人学习你的业务,竞相加入你的竞争行列,这些就是你的潜在对手。

"知己知彼,方能百战不殆",了解竞争对手的情况,包括竞争对手的数量与

规模、分布与构成、竞争对手的优缺点及营销策略，做到心中有数，才能在激烈的市场竞争中占据有利位置，采取一些竞争策略，做到人无我有，人有我优，人优我奇。

（四）市场销售策略调查

重点调查了解目前市场上经营某种产品或开展某种服务项目的促销手段、营销策略和销售方式。如销售渠道、销售环节，最短进货距离和最小批发环节，广告宣传方式和重点，价格策略，有哪些促销手段，有奖销售还是折扣销售，销售方式有哪些，批发还是零售，代销还是直销，专卖还是特许经营等。调查经营策略是否有效，有哪些缺点和不足，从而为你决策采取什么经营策略、经营手段提供依据。

二、常见的市场调查方法

（一）调查范围

根据调查范围划分，市场调查可分为市场普查、抽样调查和典型调查三种，具体见表1-1。

表1-1 常见的市场调查方法

序号	调查方法	具体说明
1	市场普查	市场普查，即对市场进行一次性全面调查，这种调查量大、面广、费用高、周期长、难度大，但调查结果全面、真实、可靠。对于应届毕业生做的一些业务或一些小型项目，没有能力也没有必要搞这种大规模的市场普查
2	抽样调查	抽样调查，据此推断整个总体的状况。比如你经销一种小学生食品和用品，完全可选择一两个学校的一两个班级小学生进行调查，从而推断小学生群体对该种产品的市场需求情况
3	典型调查	典型调查，即从调查对象的总体中挑选一些典型个体进行调查分析，据此推算出总体的一般情况。如对竞争对手的调查，你可以从众多的竞争对手中选出一两个典型代表，深入研究了解，剖析它的内在运行机制和经营管理优越点，价格水平和经营方式，而不必对所有的竞争对手都进行调查，这样难度大，时间长

（二）调查方式

根据调查方式，市场调查可分为：访问法、观察法和试销或试营法，具体见表1-2。

表1-2 市场调查的方式

序号	方式	具体说明
1	访问法	访问法，即事先拟定调查项目，通过面谈、信访、电话等方式向被调查者提出询问，以获取所需要的调查资料。这种调查简单易行，有时也不见得很正规，在与人聊天闲谈时，就可以把你的调查内容穿插进去，在不知不觉中进行市场调查
2	观察法	观察法，即调查人员亲临顾客购物现场，如商店和交易市场，亲临服务项目现场，如饭店内和客车上，直接观察和记录顾客的类别，购买动机和特点，消费方式和习惯，商家的价格与服务水平，经营策略和手段等，这样取得的一手资料更真实可靠。要注意的是你的调查行为不要被经营者发现
3	试销或试营法	即对拿不准的业务，可以通过试营业，或产品试销，来了解顾客的反映和市场需求情况

相关链接 ▶▶▶

创业过程中的常见问题

一般说来，从创业初期的资金分配与调度、人才招募、营销策略、管理技巧，以及随之而来的市场潮流变化、竞争、应对策略等，都有可能导致你所创办的企业遭受无法继续生存的命运。

1. 资金短缺

创业者低估了财务上的需要，财务预算有缺失，同时在营运或生产上也无法有效运用资金，因此难以创造盈余。许多人在创业之初并没有考虑到流动资金的重要性，因此在没有足够的流动资金的前提下就贸然创业。殊不知，很多人在创业后经营不是很顺利的时候，需要坚守一段时日时，就因为没有充足的流动资金而不得不提前关门。如果创业者在创业时没有充足的流动资金以维持半年以上的运作，最好不要轻易去创业。

2. 市场资讯不足

市场资讯不足包括不是真正了解潜在市场的需求量，错误预估占有率，对销售渠道和竞争对手的情况了解不清等。许多创业者并不去了解竞争对手的经营运作情况，也不去仔细分析竞争对手的经营策略，不清楚对手下一步将有什么措施和手段来对付自己。特别是不去分析双方的优劣所在，一味凭自己的感觉行事，到头来往往吃尽苦头。

3. 不良产品太多或不良率太高

由于不良产品太多，或者不良率太高，成本和损耗都过大，加上创业之初产品也缺乏知名度，因而导致产品滞销，造成大量库存囤积。

4. 错误的策略

不当的企业价值观、无效的经营管理及销售策略、对竞争者估计错误等，这包括创业理念与竞争策略的错误，由于这些策略关系到一个企业的生死存亡，因此，这也是导致失败的最重要的原因。一旦创业者发生较大的错误或事变时，也往往欠缺应对经验和解决办法。因此，对于初次创业者来说，一个错误的策略就可能是致命的。

5. 产品淘汰太快速

如果产品的生命周期太短，又或者生产出来的产品不合潮流，产品面世不久就遭到淘汰命运，这种不合潮流容易被淘汰的产品意味着在创业之后，短期内就很可能遭到失败的命运。

通常针对年轻人的流行产品一般都是寿命很短的，创业者一定要摸清这个规律，当某个流行产品大行其道的时候，你再去投资想分一杯羹时就要特别小心，可能当你的新产品上市之时，也就是该产品不再流行之时。

6. 管理不当

创业者管理经验不足，朝令夕改，常常在错误中学习，但却耗费了公司的许多资源，无法建立一套合理、具弹性与有效率的制度。比如用人不当，造成不必要的内耗；比如财务制度有漏洞，让员工有损公肥私的机会；比如不重视安全生产，造成重大的人员伤亡事故等。

7. 在不恰当的时机创业

例如，冬天开空调机专卖店，受到产品淡季因素的影响，可能使你的创业生涯招致挫折。或者是创业不久就受到国家、地方新颁布的行业管理条例所限制，从而无法预期设想，造成资源浪费或无法经营。

8. 不了解国家的有关规定

国家有规定许多的行业是不能由私营业主经营的。也有一些行业原先允许经营，因政策改变而受影响，甚至会无限期对某个行业进行停业整顿等，这些都要了解清楚。

第二章

开办资金预算与筹集

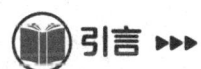 引言 ▶▶▶

资金的管理和流通，对任何一个企业在任何一个阶段都是至关重要的。开公司的首要目的是赚钱。创业者要懂经营、会理财，掌握一定的财务知识，了解利用并享受国家相应的优惠政策。创业者要懂得理财之道，即聚财之道、用财之道、生财之道。聚财之道用于筹集资金；用财之道体现资金的分割与控制；生财之道体现资金的周转和利润的实现。三者必须统筹兼顾，缺一不可，资金只有不停的周转运动，公司才可以赚取最大的利润。

第一节 预测启动资金

启动资金，就是开办企业必须购买的物资和必要的其他开支。也就是从你为新企业投入开始，到企业达到收支平衡前你必须要准备的资金总量。

一、启动资金的用途

你的启动资金将用于以下方面。
（1）支付场地（厂房、办公室、店铺等）费用和装修费用。
（2）办理营业执照和相关许可证。
（3）购买设备、机器。
（4）购置办公家具和办公用品。
（5）采购原材料、库存商品。
（6）开业前的广告和促销。
（7）招聘、培训员工，给员工发工资。
（8）支付水电费、电话费、交通费。

总之，各种支出"花钱似流水"，"兵马未动，粮草先行"，因此我们要认真、仔细预测好到底需要多少启动资金才能把公司开起来。

我们可以把启动资金按用途分为两大类，具体如图2-1所示。

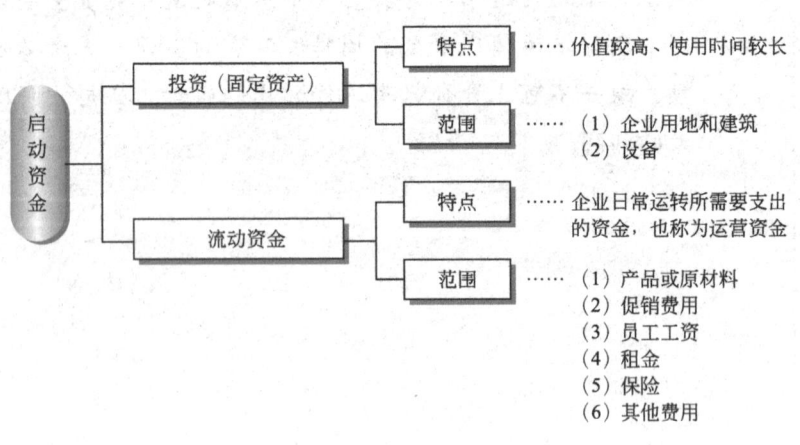

图2-1 启动资金的类别

二、计算启动资金的步骤

预测启动资金的思路和步骤如下。
（1）列出所有支出项目。
（2）按照"固定资产投入"和"流动资金"分类。
（3）填入每个项目的具体预测金额。
（4）处理特殊情况（保险等）。
（5）合计"固定资产投入"与"流动资金"总和（见表2-1）。

表2-1　启动资金预测表

序号	支出项目	预测金额
	固定资产投入	
1	生产设备	
2	办公家具及设备	
3	固定资产折旧	
4	……	
	小计	
	流动资金	
1	员工工资	
2	原料费用	
3	流动现金	
4	一次性费用	
5	装修费	
6	水电费	
7	保险费	
8	广告费	
9	设备费	
10	税费	
11	设备维修费	
12	押金	
13	库存	
14	工厂租金	
15	店铺租金	
16	杂费	
	……	
	小计	
	合计	

三、投资（固定资产）预测

固定资产投资包括：企业所购置的价值较高、使用寿命长的东西。如房屋及建筑物、机器设备、运输设备、工具器具等，如图2-2所示。

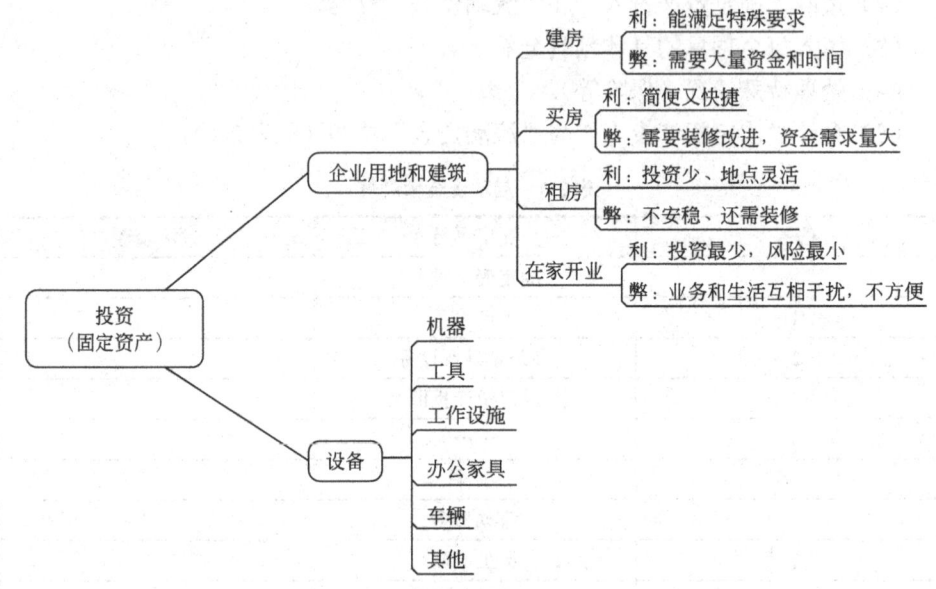

图2-2　固定资产投资项目

除了必不可少的东西非买不可外，尽量少"投资"以降低经营风险。当然固定资产可以折旧，即分期打入成本逐渐回收。

设备投资预测时要特别注意不同行业、不同规模、不同经营范围的企业对设备需求的差别很大。所以，必须了解清楚必需的设备，选择正确的设备类型，尽量节省设备投资。即使你只需少量设备也应测算并纳入计划（见表2-2）。

表2-2　投资（固定资产和开办费）列表

序号	项目	费用（元）
一、	建工棚	
	平整场地	
	搭建工棚	
二、	工棚设备	
	桌椅板凳	
	电线、电灯	
	灭火器	
	办公用品	

续表

序号	项目	费用（元）
三、	生产工具设备	
	工具	
	晾晒架	
	两个工作台	
四、	开办费	
	注册和营业执照费	
	市场调查费、咨询费	
	培训费、技术材料费	
五、	投资总额	

四、流动资金预测

流动资金投资包括：企业日常运转时所需支付的资金。如工资、原材料、产品储存、现金、应收及预付款、促销费用、租金、保险费、电费、办公费、交通费等。流动资金的最大特点就在于：随时变化。

企业最初收入取得之前必须要有可以支付各种费用的资金。

适当的流动资金准备能使从你容应对各种费用的支付。一般来说，在销售收入能够收回成本之前，微小企业事先至少要准备3个月的流动资金。为预算更加准确，你必须制订一个现金流量计划。

（一）流动资金的范围

流动资金范围如下。

（1）原材料和商品库存。

（2）促销。

（3）工资。

（4）租金。

（5）保险。

（6）其他费用（不可预见费）。

 特别提示 ▶▶▶

至少要准备企业开办头三个月所需的流动资金。

（二）流动资金的预测

流动资金的预测主要包括6项内容，具体见表2-3。

表2-3　流动资金的预测

序号	类别	具体说明
1	原材料和商品的存货	（1）原材料资金包括：制造、加工企业需要，制造商预测销售前的生产储料资金，预测顾客付款前的服务用料资金 （2）商品的存货：零售商和批发商营业前库存商品的流动资金预测
2	促销	包括4P（产品Product，价格Price，渠道Place，促销Promotion）计划的促销成本
3	工资	起步阶段也要给员工开工资。计算方法：月工资总额×未收支平衡的月数
4	租金	企业一开张就要支付租金，计算方法：月租金额×未收支平衡的月数
5	保险	保险有两种：社会保险和商业保险。开业时准备交的保险在也启动资金数额内
6	其他费用	包括水电费、办公用品费、交通费、电话费、不可预见费（统称公用事业费）等。起步时纳入启动资金数额内

 小实例

某企业在销售收入能够收回成本之前，至少要准备3个月的流动资金，见表2-4。

表2-4　流动资金项目表

项目	每个月费用（元）	头3个月所需流动资金（元）
原材料和商品的存货	20800	62400
工资	30000	90000
市场营销和促销	3000	9000
保险费（全年）	a	3a
水电费	8000	24000
电话费	1000	3000
流动资金总额	62800+a	188400+3a

五、总的启动资金预测

总的启动资金，其计算公式为：

启动资金总额=投资（固定资产+开办费）+流动资金总额

六、预测启动资金要注意的问题

（1）必须意识到"启动资金周转不灵，就会导致企业夭折"。

（2）必须核实你的启动资金持续投入期，即在你没取得销售收入以前须投入多长时间的流动资金。

（3）必须将投资和流动资金需求量降至最低。依据"必须、必要、合理、最低"的原则，该支出的必须支出，能不支出的坚决不支出。

（4）必须保持一定量的流动资金"储备"以备不时之需。

第二节 开办资金的筹措

企业的资金有很多来源，如图2-3所示。

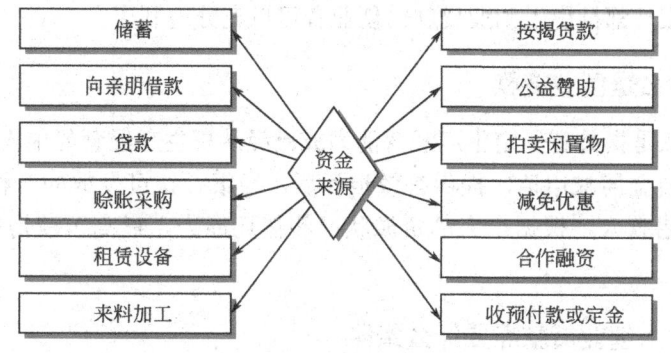

图2-3 企业资金的来源

你办企业的资金主要从哪里来？具体如图2-4所示。

图2-4 办企业的资金主要从哪里来

一、自有资金

就是将自己积蓄多年的钱拿出来创业。这是自己说了算的，是创业最源头的资金。这是企业的真正原始投资，也可称为原始股。

二、向亲朋好友借

从朋友或亲戚处借钱是开办企业最常见的做法。但是，一旦你的企业办失败了，亲戚朋友会收不回自己的钱，而伤了感情。因此，你要向他们说明借钱给你具有一定的风险。千万不要因为自己的创业而影响到亲人好友的关系。这样是得不偿失的。

为了让他们了解你的企业，你要给他们一份你的创业计划副本，并定期向他们报告创业的进展情况。

三、向银行贷款

向银行贷款是现代创业者选择最为广泛的一种模式，但是一般情况下需要有固定资产的抵押。而国家也出台了一些政策支持创业贷款。创业者创业计划书需要做到全面具体才能够获得银行贷款的支持。自身的形象也是需要考虑的因素，不要给银行工作人员一个自身随意邋遢的印象。

目前各银行都推出了创业贷款，创业者可以充分地利用。

（一）什么是创业贷款

创业贷款是指具有一定生产经营能力或已经从事生产经营的个人，因创业或再创业提出资金需求申请，提供有效担保后，经银行认可发放的一种专项贷款。符合条件的借款人，根据个人的资源状况和偿还能力，最高可获得单笔50万元的贷款支持。

（二）个人创业贷款需要什么条件

个人投资创业贷款适用的范围广泛，只要符合一定贷款条件，能够提供银行认可的担保方式的个人、个体工商户、个人独资企业，都可申请投资贷款。另外，各银行还会有具体规定。申请个人创业贷款的借款人必须同时具备以下条件。

（1）具有完全民事行为能力，年龄在50岁以下。

（2）持有工商行政管理机关核发的工商营业执照、税务登记证及相关的行业经营许可证。

（3）从事正当的生产经营活动，项目具有发展潜力或市场竞争力，具备按期偿还贷款本息的能力。

（4）资信良好，遵纪守法，无不良信用及债务纪录，且能提供银行认可的抵押、质押或保证。

（5）在经办机构有固定住所和经营场所。

（6）银行规定的其他条件。

（三）贷款额度、期限和利率

1. 额度

个人创业贷款金额最高不超过借款人正常生产经营活动所需流动资金、购置（安装或修理）小型设备（机具）以及特许连锁经营所需资金总额的70%。

2. 期限

个人创业贷款期限一般为2年，最长不超过3年，其中生产经营性流动资金贷款期限最长为1年。

3. 利率

个人创业贷款执行中国人民银行颁布的期限贷款利率，可在规定的幅度范围内上下浮动。

（四）申请创业贷款有哪些方式

1. 抵押贷款

抵押贷款金额一般不超过抵押物评估价的70%，贷款最高限额为30万元。如果创业需要购置沿街商业房，可以以拟购房产作抵押，向银行申请商用房贷款，贷款金额一般不超过拟购商业用房评估价值的60%，贷款期限最长不超过10年。

2. 质押贷款

除了存单可以质押外，以国库券、保险公司保单等凭证也可以轻松得到个人贷款。存单质押贷款可以贷存单金额的80%；国债质押贷款可贷国债面额的90%；保险公司推出的保单质押贷款的金额不超过保险单当时现金价值的80%。

3. 保证贷款

如果你的配偶或父母有一份较好的工作，有稳定的收入，这也是绝好的信贷资源。

当前银行对高收入阶层情有独钟，律师、医生、公务员、事业单位员工以及金融行业人员均被列为信用贷款的优待对象，这些行业的从业人员只需找一至两个同事担保就可以在工行、建行等金融机构获得10万元左右的保证贷款，在准备好各种材料的情况下，当天即能获得批准，从而较快地获取创业资金。

（五）成功申请创业贷款有哪些技巧

银行在调查借款人的资质时，主要从五个方面来综合衡量（如图2-5所示），摸准银行的脉搏就可以对号入座，提高成功申请贷款的概率。

| 要点一 | 银行对于借款人的综合评价 |

包括借款人与其家庭、教育、社会背景、行业关系征信及诉讼资料、评估品格（诚实信用）及其责任感

| 要点二 | 对借款人创业项目的考察 |

包括项目的获利能力（特别是营业利益），主要经营者有无具备足够的经验及专业知识，对继位经营者的培植情形及行业未来的企划作业

| 要点三 | 个人征信情况 |

包括有无不诚实或信用欠佳记录；与银行来往是否均衡；有无以合作态度提供征信资料

| 要点四 | 资金用途 |

这一点是银行评估信用的核心。包括资金启用计划是否合法、合理、合情及符合政策；另外，还款来源是确保授信债权本利回收的前提要件，因此，银行还要分析借款人偿还授信的资金来源

| 要点五 | 债权保证 |

内部保证，指银行与借款人之间的直接关系；外部保障，指由第三者对银行承担借款人的信用责任而言，有保证书等

图2-5　银行在调查借款人资质的要点

相关链接 ▶▶▶

创业贷款优惠政策

一、返乡农民工小额创业贷款

对返乡农民工和其他初始创业者，在自主创业期间银行可提供5万元以内的小额担保贷款；对合伙经营、组织起来创业并经工商管理部门注册登记的，小额担保贷款额度可增加到20万元；对已经通过小额担保贷款扶持实现成功创业，且按时归还小额担保贷款的，可视其经营扩大和带动就业人数（5人以上）增加的情况，提供二次小额担保贷款扶持，最高限额不超过30万元。

二、大学生创业贷款

1.大学生创业贷款优惠政策

（1）大学毕业生在毕业后2年内自主创业，到创业实体所在地的工商部门办理营业执照，注册资金（本）在50万元以下的，允许分期到位，首期到位资金不低于注册资本的10%（出资额不低于3万元），1年内实缴注册资本追加到50%以上，余款可在3年内分期到位。

（2）大学毕业生新办咨询业、信息业、技术服务业的企业或经营单位，经税务部门批准，免征企业所得税2年；新办从事交通运输、邮电通讯的企业或经营单位，经税务部门批准，第一年免征企业所得税，第二年减半征收企业所得税；新办从事公用事业、商业、物资业、对外贸易业、旅游业、物流业、仓储业、居民服务业、饮食业、教育文化事业、卫生事业的企业或经营单位，经税务部门批准，免征企业所得税1年。

（3）各国有商业银行、股份制银行、城市商业银行和有条件的城市信用社要为自主创业的毕业生提供小额贷款，并简化程序，提供开户和结算便利，贷款额度在5万元左右。贷款期限最长为2年，到期确定需延长的，可申请延期一次。贷款利息按照中国人民银行公布的贷款利率确定，担保最高限额为担保基金的5倍，期限与贷款期限相同。

2.大学生创业贷款需要资料

（1）大学生创业贷款申请者及配偶身份证件（包括居民身份证、户口簿或其他有效居住证原件）和婚姻状况证明。

（2）大学生创业贷款申请者个人或家庭收入及财产状况等还款能力证明文件。

（3）大学生创业贷款申请者营业执照及相关行业的经营许可证，贷款用途中的相关协议、合同或其他资料。

（4）大学生创业贷款申请者担保材料：抵押品或质押品的权属凭证和清单，有权处分人同意抵（质）押的证明，银行认可的评估部门出具的抵（质）押物估价报告。

大学生在毕业之后如果想要申请创业贷款，首先你肯定是已经想好了自己的发展方向，然后你发展的方向一定要有发展前景，银行或者金融机构才会对你的创业感兴趣，会觉得你的创业风险相对较低。

三、残障人士创业贷款优惠

残疾人申请创业贷款的时候，首先应向当地民政局或者残疾人基金会进行咨询。若是民政局或者残疾人基金会恰巧有您所创业的项目资金，到民政局申请，可申请到贴息贷款。

如果民政局没有你创业项目的贷款。就需要到银行办理创业贷款的申请。办理时，申请者需要提供的资料有，残疾证、个人身份证明、收入证明、营业执照以及居住证明，3个月以上的水电气缴费清单等辅助证明。

在申请享受残疾人贷款优惠政策的时候，需要注意的是：各个地方出台的相关政策以及具体要求有所不同，所以在申请贷款之前，不仅要在网上查询，还要到当地负责残疾人的人力资源管理部门进行咨询。弄清楚需要的证件和其他材料再进行申请，以免造成不必要的麻烦。

残疾人申请贷款，主要可享受到得政策包括以下两点。

（1）贷款利率优惠。通常，凡能申请到贷款的残疾人，均可申请贷款利率的补贴，最高申请人可获得90%的贴息。

（2）残疾人贷款专项资金。不少地区还针对残疾人设立有专业的残疾人创业专项扶持资金，残疾人到此可申请到几万到十几万的小额扶持贷款。

四、寻找合作伙伴筹资

寻找合作伙伴筹资能够降低创业的风险，而寻找合作伙伴有一个前提便是合作伙伴要对自身的创业有促进的作用，两者的合作能够提高创业的成功率。

五、从供货商处赊购

在制造业中，可以从供货商那里赊一部分账。不过，这也不容易，因为大多数供货商只有在弄清楚你的企业确实能够运转良好之后，才会为你提供赊账。

六、风险投资

风险投资也被称为天使投资，能够获得风投很大程度上说明了自身创业项目被看好。所以获得风投也是极为困难的，就如受到天使的青睐。这就需要创业者有完整的创业计划和优质的创业项目才能吸引到风投者。

（一）什么是天使投资

天使投资（Angel Investment），是权益资本投资的一种形式，是指富有的个人出资协助具有专门技术或独特概念的原创项目或小型初创企业，进行一次性的前期投资。

（二）投资种类

在美国等国家，天使投资人的总资产一般在100万美元以上，或者其年收入在20万～30万美元。可以依据项目的投资量的大小判断天使投资的种类，其具体种类见表2-5。

表2-5 天使投资的种类

序号	种类	具体说明
1	支票天使	他们相对缺乏企业经验,仅仅是出资,而且投资额较小,每个投资案约1万~2.5万美元
2	增值天使	他们较有经验并参与被投资企业的运作,投资额也较大,约5万~25万美元
3	超级天使	他们往往是具有成功经验的企业家,对新企业提供独到的支持,根据具体的所有的拿到的项目资金选择合理的对象,每个项目的投资额相对较大,在10万美元以上

(三)天使投资人类型

天使投资人可以分为如下几种类型:富有的个体投资者、家族型投资者、天使投资联合体、合伙人投资者。从天使投资人的背景来划分,天使投资人可以分为如下几类:管理型投资者、辅助型投资者、获利型投资者。

目前我国天使投资人主要有两大类,如图2-6所示。

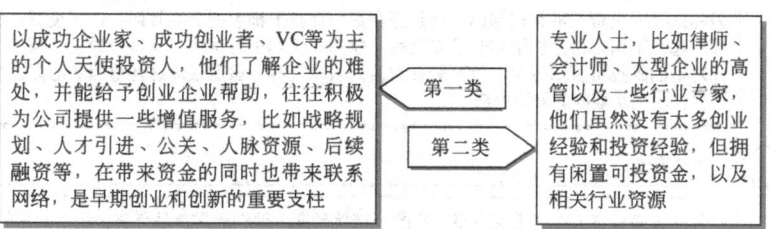

图2-6 我国天使投资人的类别

(四)创业者应避免的天使投资人

有不少天使投资人也会摔跟头,所以创业者必须非常小心地验证每一位潜在投资人的性格和声誉。创业者急于获得资金的做法往往会导致灾难性的后果,成为这些不够严谨的投资者手中的玩物。

1.应避免的8种天使投资人

很多创业者都认为钱天生就是平等的。只要有人认可他们的创意值100万美元,给他们开支票,钱的来源真的并不重要。事实上,大多数天使投资人都很单纯,但也有一些例外,你如果遇上的话可能会让你付出的比投入的更多。所以创业者应避免图2-7所示的8种天使投资人:

类型一 鲨鱼型天使投资人

这种投资人是最可怕的一类。他们参与早期投资的唯一目的就是要利用创业者在融资和交易经验方面的缺乏。使长期负债过程变成了一个纯粹的折磨，最终迫使你向投资人卑躬屈膝

类型二 官司型天使投资人

官司型天使投资人会找各种各样的借口把你告上法庭。这种天使投资人从来都不关心你公司可以提供的回报，而是试图通过恐吓、威胁和诉讼来赚钱。他们知道你没有资源跟他们斗，所以算定了你会投降。遇到这样的天使投资人，你就得跟你的律师保持紧密联系

类型三 高人一等型天使投资人

有很多成功的商业人士出身的天使投资人相信自己比其他人有着明显的优越性。这些人通常是些霸道、消极的人，对你所做的每一个决策都会歇斯底里地挑剔。摊上这样的天使投资人，你千万别被吓着做出错误的决策

类型四 控制狂型天使投资人

这种天使投资人一开始像是你最好的新朋友，一旦你得到融资后，他就等着。只要你一犯错误，他就会拿出协议，要求将赋予他更多的控制权的条款升级成他必须进入你的公司的条款，由他亲自掌控你的公司。这时，唯一能救你的就是你的董事会了

类型五 教程式天使投资人

教程式天使投资人不是控制，而是想在每一件事上都手把手地教你。这在投资之前提供辅导听起来不错。但他们给你开了支票后，就想一天24小时帮你，这就是最大的烦扰。最初，你对他们的投资表示感谢，也可能会对他们表示宽容，但是最终这种重担会把你压垮。跟他们保持距离是最好的解决办法

类型六 过气天使

这样的天使投资人往往出现在每一次的经济扰动期。他们通常都是有资金流动问题的"空中飞人"。他们每天会参加一些俱乐部，但却背着债务。他们会跟你见面，而且会问你很多个问题，但是从来都不会跟你成交。跟他们打交道，你要学会结束谈话

类型七 哑巴天使投资人

财富不是商业精英的代名词。你可以通过他们问的问题来判断他们是不是哑巴天使投资人。如果他们问一些肤浅的问题或者根本不懂业务，那就不可能和他们形成成功的长期合作关系。但是不要忘记，有钱人通常会有些精明的朋友

类型八 经纪人假扮天使投资人

这种人到处都有，通常会扮成律师和会计师。他们根本没意向投资你的公司，而是会诱使你签署向你介绍真正投资人的收费协议。经纪人的工作往往是值得付费的，但是要认清谁是天使，千万别被误导

图2-7 应避免的8种天使投资人

2. 如何避免以上这些天使投资人

只要有可能,只接受可信的个人投资或专业的天使投资机构的投资,不要接受故意引诱你的人。即使这样,你也要在业内做一些调查。问问他们投资过的其他公司,问问这些公司的老板,看看他们的投资人是什么样的人。

另外,要让律师来写最初的投资文件或长期负债表,而不是让投资人写。这样的文件应该是给你所有的投资人的标准文档,而不是可以用来一对一谈判的。要注意补充条款可能会回咬你一口,并不是所有的天使都想赚一双自己的翅膀。

 相关链接 ▶▶▶

国内专业的天使投资机构

现阶段,国内专业的天使投资机构并不多,但其中也不乏优秀的投资团队。如天使湾创投、泰山天使、亚洲搭档种子基金、赛伯乐天使投资等都是其中的佼佼者。

一、天使湾创投(Tisiwi)

天使湾创投(Tisiwi),专注于互联网的天使投资基金,它只投资仍然处在早期用户积累、业务/商业模式的探索阶段的初创公司。天使湾提供两种类型的投资服务。

第一类,天使投资——投资金额在50万元至500万元人民币,标准是产品已经上线运营中,有一定用户规模,产品价值得到小规模目标用户的初步验证,或者产品开发中,尚未得到初期市场/用户的验证,但有非常优秀的团队支撑。

第二类,聚变计划——投资金额20万元,换取8%股份,聚变计划借鉴了美国硅谷著名孵化器Y Combinator,天使湾从2011年8月开始开放聚变计划申请,天使湾聚变计划目前已进行到第4季。

二、泰山天使(Taishan invest)

泰山天使(Taishan invest)是一个为处于"天使阶段"和"初创阶段"的高速发展中的中国企业提供投资的机构化的天使投资基金,2008年由著名的欧洲山友集团和中国成功企业家联合创立。泰山天使把在欧美经过验证的天使投资模式、充足的资本、先进的管理经验、多元的退出渠道引进到了中国,并结合中国市场的现状,创建中国天使投资领先性机构。其与亚洲搭档种子基金(DaD Asia)共同投资的佳品网已经取得了骄人的成绩。

三、亚洲搭档种子基金(DaD-Asia)

亚洲搭档种子基金(DaD-Asia)是一家来自西班牙的专注于投资互联网

领域的天使投资机构,有着光辉的背景和历史。其母公司DaD集团在欧美共投资了40多个互联网相关项目,在业内处于领头羊地位。亚洲搭档种子基金于2008年进入中国,现阶段已经成功投资了12个项目,包括球迷网、佳品网、风向标等。

四、赛伯乐投资基金(Cybernaut)

赛伯乐投资基金(Cybernaut)由著名投资人、美国网讯公司创始人朱敏先生发起成立。作为中国投资基金的领导者之一,赛伯乐(中国)投资重点关注早中期具有强大整合平台价值的企业。其与创业者建立真正的事业伙伴关系,助其开拓全球化的发展视野,一起创建中国市场的领导者和国际化的大企业。其投资项目包括连连科技、聚光科技等。

七、融资租赁

融资租赁是一种以融资为直接目的的信用方式,表面上看是借物,而实质上是借资,以租金的方式分期偿还。该融资方式具有以下优势:不占用创业企业的银行信用额度;创业者支付第一笔租金后即可使用设备,而不必在购买设备上大量投资,这样资金就可调往最急需用钱的地方。

> **特别提示** ▶▶▶
>
> 融资租赁这种筹资方式,比较适合需要购买大件设备的初创企业,但在选择时要挑那些实力强、资信度高的租赁公司,且租赁形式越灵活越好。

八、其他方式

除了上述的几种筹集创业资金的方式外,还有其他的获取创业资金的方法。如典当自身的一些有价值的物品或使用信用卡等。当然这些方式是将自身放在了绝路上,不成功便成仁是不被认可的。

资金不足是创业路上的拦路虎,当你获取不到足够的创业资金时不妨将创业项目搁置,寻找一份工作开始创业资金的积累和人脉的积累,这不失为一个两全其美的方法,能够学习到更多、积累更多的人脉为将来的创业打下坚实的基础。

第三章

制订利润计划与商业计划

 引言 ▶▶▶

银行和信贷机构在决定是否给您贷款时会仔细地审查您的商业计划书。商业计划书包含了您和您的员工用于判断创业是否成功的主要标准。另外,商业计划书也可帮助您确定第一步做什么,第二步做什么或不做什么。

第一节 制订利润计划

制订利润计划,可以掌握企业的实际运转情况,清楚企业是否有利润,使你既看到销售也看到成本,并知道是否在盈利。如果盈利,就持续做下去(继续做计划);如果亏损,需要及时弄明白哪个环节出了问题,调整后重新做计划。

制订利润计划主要是为了解决以下核心问题:制订销售价格、制订收入和成本计划、预测现金流量。影响利润计划的因素比较多,所以计划的可变性也较高,不少创业者就是因为对财务问题不敏感导致失败。

一、确定产品的销售价格

利润计划的第一步是确定产品的销售价格,这一步的难点在于如何精确核算各项成本。企业成本包括固定成本和可变成本,创业者要做到心中有数,尤其是可变成本,因为它会随着销售额的变化而变化。另外,要注意我国对于中小企业折旧率和增值税的相关规定,像店铺的折旧率为5%,小规模纳税人的增值税率为6%。在核算成本后,根据成本加价法和比较同类价格法来确定产品价格。

(一)成本加价法

成本加价法,就是以成本为基数,加上一定比例的毛利率。其计算公式为:

$$销售价格 = 成本价格 \times (1 + 利润率)$$

1. 计算的步骤

计算分为两个步骤。

第一步,将制作或者提供服务的全部费用加起来,得到成本价格。

第二步,在成本价格上加上一定百分比的利润就得出销售价格。

2. 企业成本的构成

企业的成本由三部分构成,如图3-1所示。

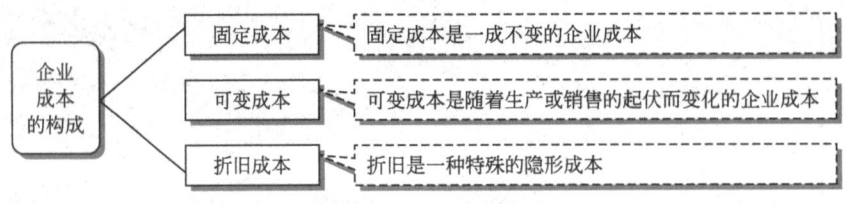

图3-1 企业成本的构成

3.企业成本计算应注意的问题

（1）办企业到底有没有赚到钱，是计算出来的，不是感觉出来的。企业利润计算的不准确，很难保证保证企业的良性发展。

（2）微小企业小老板常常算得清收入了多少，但搞不清真正的成本是多少。

（3）老板的工资、电话费等没有列在企业的费用里，导致少算支出、虚增收入。

（4）微小企业老板经常忽略折旧费的计提。折旧费是企业设备更新改造的保障，任何企业都应把折旧计入成本，微小企业也不例外。

相关链接 ▶▶▶

什么是折旧成本

折旧：是一种特殊成本，它是由于固定资产不断贬值而造成的一种成本。例如：工具和设备、交通工具、办公家具等固定资产的贬值会产生折旧。

根据中国税法制订的折旧率见下表。

中国税法制订的折旧率

序号	固定资产类型	每年折旧率
1	工具和设备	20%
2	办公家具	20%
3	机动车辆	10%
4	店铺	5%

折旧只是针对固定资产而言的。虽然不是企业的现金支出，但仍是一种成本。

折旧的计算有多种计算方法。

（1）年限平均法，又称直线法，是指将固定资产的应记折旧额均衡得分谈到固定资产预计使用寿命内的一种方法。其计算公式为：

年折旧率＝（1－预计净残值率）÷预计使用寿命（年）×100%

月折旧率＝年折旧率/12

月折旧额＝固定资产原价×月折旧率

（2）工作量法，是根据实际工作量计算每期应提折旧额的一种方法。其计算公式为：

单位工作量折旧额＝固定资产原价×（1－预计净残值率）÷预计总工作量

某项固定资产月折旧额＝该项固定资产当月工作量×单位工作量折旧额

（3）双倍月递减法，是指在不考虑固定资产预计净残值的情况下，根据每期期初固定资产原价减去累计折旧后的余额的双倍的直线法折旧率计算固定资产折旧的一种方法。其计算公式为：

年折旧率＝2/预计使用寿命（年）×100%

月折旧率＝年折旧率÷12

月折旧额＝固定资产账面净值×月折旧率

（4）年数总和法。其计算公式为：

年折旧率＝尚可使用年限/预计使用寿命的年数总和×100%

月折旧率＝年折旧率÷12

月折旧额＝（固定资产原价-预计净残值）×月折旧率

4. 企业成本管理应注意的问题

（1）企业的收入往往是不可控的，而成本是自己可控的。

（2）控制成本的前提，是做好费用预算，变随意开支为有计划的理性开支。

（3）对于新创办的企业，要严格区分个人消费和企业成本，"两个口袋两本账"，不要混为一谈。

（4）养成每天记账的好习惯，详细记录每一笔开支，数据积累到了一定程度，就可以进行分析，找出规律，科学管理。

（5）采用先进的财务管理工具，可以自动生成财务报表，进行成本分析，控制不必要的成本支出。如在线财务软件等。

5. 如何计算单位产品成本价格

计算单位产品成本价格可按图3-2所示的步骤进行。

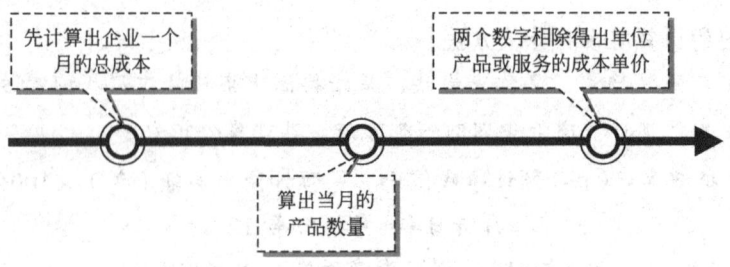

图3-2 计算单位产品成本价格的步骤

其计算公式为：

单位产品成本＝总成本÷产品产量

小实例

计算销售价格

第一步 汇总计算出企业总成本

项目	费用（元）
原材料和包装	580
工资	600
市场营销和促销	50
保险费	20
维修费	30
电费、电话费	20
折旧及开办费摊销	65
月成本总额	1365

第二步 算出月生产工艺品1200件

第三步 套用公式：

单位产品成本＝总成本÷产品产量

工艺品的单位成本＝1365元÷1200件＝1.14（元/件）

第四步 计算一件工艺品的销售价格

黄明按照成本加32%利润率的办法制订销售价。

不含税出厂单价＝1.14元×（1+32%）＝1.5（元）

注意：这个价格是不含增值税（6%）的，称不含税出厂单价

含税出厂单价＝1.5元×（1+6%）＝1.59（元）

注意：含税出厂价是含了增值税（6%）的。

（二）竞争价格法

竞争价格法是指以市场上相互竞争的同类商品价格为定价基本依据，以通过竞争状况的变化确定和调整价格水平为特征，与竞争商品价格保持一定的比例，而不过多考虑成本及市场需求因素的定价方法。采用竞争价格法保证你的定价在市场上具有竞争力。

1. 优点

考虑到了产品价格在市场上的竞争力。

2. 缺点

（1）过分关注价格上的竞争，容易忽略其他营销组合可能造成产品差异化的竞争优势。

(2) 容易引起竞争者报复，导致恶性地降价竞争，使公司毫无利润可言。
(3) 竞争者的价格变化不能被精确的估算。

小实例

黄某在进行市场调查时了解到，类似工艺品的市场零售价在2～5元之间，2元多一点比较好卖。

如果零售商贩一次卖2元，以含税出厂价1.59元推算，零售商还有26%的毛利：

[提示：毛利计算：(2–1.59)/1.59=26%]。如果零售卖贵一点，零售商的毛利更大，会更有积极性。

特别提示 ▶▶▶

实际上可以同时用两种方法来制订价格。

要严格核算产品的成本，成本加价法保证你的定价高出你的成本，不亏本。

随时观察竞争者的价格，竞争比较法可以保证你的价格有竞争力，卖得掉。

你的竞争对手对你这家新企业会反应激烈，他们会压低价格使你的新企业难以立足，要有思想准备，灵活应对，扛得住。

二、预测销售收入

利润计划的第二步是预测销售收入。创业初期，不能过于乐观，宁可把销售情况想得差一些，要注意季节、消费者的购买力因素（如顾客什么时候发工资）等。

（一）预测销售收入的意义

预测销售收入的意义如图3-3所示。

意义一	是制订销售和成本计划的前提数据
意义二	是企业合理安排仓储与运输的主要依据
意义三	是企业制订和实施价格策略、选择销售渠道和销售促进策略的依据

图3-3 预测销售收入的意义

（二）预测销售收入的步骤

预测销售收入是准备创业计划中最重要且最困难的部分，需要你认真面对。一般来说，你可采取图3-4所示的步骤进行。

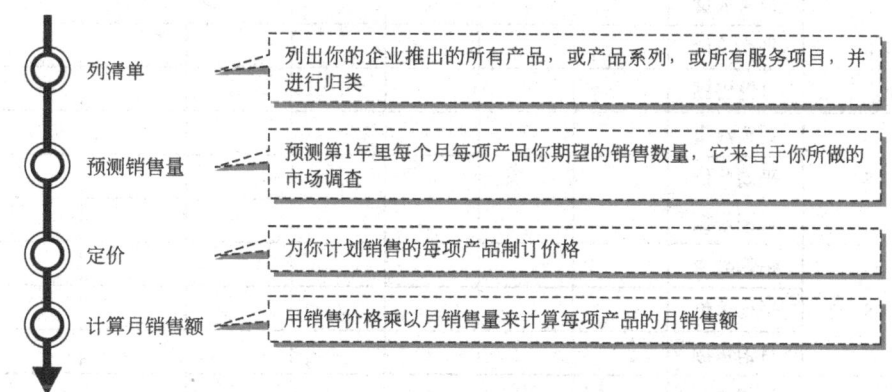

图3-4 预测销售收入的步骤

当然你也要将预测结果填写到"销售收入预测表"里，详见表3-1。

表3-1 销售收入预测表

产品或服务	销售情况	月份						合计
		1	2	3	4	…	12	
1	销售数量							
	平均单价							
	月销售额							
2	销售数量							
	平均单价							
	月销售额							
3	销售数量							
	平均单价							
	月销售额							
4	销售数量							
	平均单价							
	月销售额							
5	销售数量							
	平均单价							
	月销售额							

续表

产品或服务	销售情况	月份						合计
		1	2	3	4	…	12	
6	销售数量							
	平均单价							
	月销售额							
7	销售数量							
	平均单价							
	月销售额							
8	销售数量							
	平均单价							
	月销售额							
合计	销售总量							
	销售总收入							

（三）预测销售收入注意事项

预测销售收入是创业计划中最重要且最困难的部分，你需要注意以下几个方面。

（1）在预测时不要太乐观，要留有充分的余地。

（2）千万记住，在企业开办的头几个月里，销售收入不会太高。

（3）销售收入是波动的，一般有淡季、旺季之分，要未雨绸缪。

（4）很多企业成活率低，大多都是预测销售过高而导致盲目投资所致。

三、制订销售和成本计划

仅仅知道自己的销售收入是不够的，你还需制订销售和成本计划表（见表3-2），只有这样你才能准确地知道企业是否在挣钱。利润等于销售收入减去企业经营成本，你可通过前两步来得出结论。

表3-2 销售和成本计划表

项目	金额	月份						合计
		1	2	3	4	…	12	
含流转税销售收入								
流转税（增值税等）								
销售净收入								

续表

项目＼金额	月份						合计
	1	2	3	4	...	12	
老板工资							
员工工资							
租金							
营销费用							
公用事业费							
维修费							
折旧费							
贷款利息							
保险费							
登记注册费							
原材料（列出项目）							
（1）							
（2）							
（3）							
（4）							
（5）							
（6）							
总成本							
利润							
企业所得税							
个人所得税							
其他							
净收入（税后）							

制订销售和成本计划要涉及以下公式：

毛利润＝含税销售收入－企业的经营成本（总成本）

净利润＝含税销售收入－增值税及附加税费－总成本

净销售收入＝含税销售收入（毛收入）－增值税
＝含税销售收入÷（1＋增值税税率）

应纳增值税＝净销售收入×增值税率

四、编制现金流量计划

现金流量计划是你创业计划中必不可少的一部分,因为现金如同是使企业这台发动机运转的油料。不少老板在创业时常常会发出感慨:如果能再多一些流动资金,我的企业会做得更好。这反映出他们没有制订现金流量计划。因为有些销售是赊账的,现金在销售几个月后才能回笼。所以创业者一定要编制一份现金流量计划表(见表3-3),以便自己随时掌握现金流量的动态。

表3-3 现金流量计划表

项目	金额	月份				
		1	2	…	12	合计
现金流入	月初现金					
	现金销售收入					
	赊销收入					
	贷款					
	其他现金流入					
	可支配现金(A)					
现金流出	现金采购支出(列出项目)					
	(1)					
	(2)					
	(3)					
	赊购支出					
	业主工资					
	员工工资					
	租金					
	营销费用					
	公用事业费					
	维修费					
	贷款利息					
	偿还贷款本金					
	保险费					
	登记注册费					
	设备					

续表

项目	金额	月份				
		1	2	…	12	合计
现金流出	其他（列出项目）					
	税金					
	现金总支出（B）					
月底现金（A－B）						

（一）为什么要制订现金流量计划

（1）显示每月的现金流入量和流出量。
（2）保持企业充足的运营能力。
（3）防止出现现金短缺的致命威胁。
（4）计划中一旦发现现金流量负值时，就能预先采取防范措施加以补救。

（二）制订现金流量计划困难的原因

1. 赊账销售

（1）营销计划决定部分赊销。
（2）赊账不计入当月现金流量计划，影响了现金的回笼。

2. 赊账采购

（1）部分支出先赊购，后付现金。
（2）赊购支出的记录会出现在以后的月份。
（3）"非现金"费用：企业某些费用是"非现金"的，如设备折旧。

（三）表中数据关系提示

现金流入部分：

可支配现金＝月初现金＋销售总收入＋贷款＋业主投资

现金流出部分：

现金总支出＝采购＋工资＋营销费用＋保险＋维修费用＋
煤水电费用＋贷款本息＋固定资产支出＋……＋其他费用支出

月底结余现金部分：

月底现金＝可支配现金－现金总支出

每个月月底现金即为下一个月的月初现金：

月底现金＝下月月初现金

第二节 制订商业计划书

商业计划书最初出现在美国。当时被当作是从私人投资者和风险投资家那里获取资金的一种手段。这些投资者会成为公司的合伙人,并提供资金。在寻求业务合作伙伴(包括客户、供应商以及分销商)时,提供商业计划书已成为了必不可少的程序,更不用说对寻找风险投资家和银行了。

一、为什么要写商业计划书

商业计划不是一个简单的计划,它是能够指导企业运行的一个管理工具。很显然在企业建立之初,是要吸引投资者,吸引雇员,但并不是说,只做到吸引投资者和雇员就行了。你还要在计划中指定目标和里程碑,以指导自己未来的工作。

(一)是该企业融资必备的敲门砖

商业计划书,是一家企业融资必备的敲门砖。一份优秀的商业计划书会为企业融资顺利铺路。

投资人想了解的有以下几点。

(1)干什么?(产品、服务)

(2)怎么干?(生产工艺及过程)

(3)消费人群。

(4)竞争对手(市场分析)。

(5)经营团队。

(6)股本结构(有形资产、无形资产、股东背景)。

(7)营销安排。

(8)财务分析(利润点、风险、投资回收期)。

(二)帮助自己很好地梳理整个项目的思路

商业计划书也是你在创办企业前的准备,对未来的思路进行一个清晰的梳理。

1.不打无准备之仗

创业者不可打无准备之仗,不论是创办一家特色餐馆,还是创办一家互联网公司,良好的商业规划习惯都是你的第一步,你花了多少工夫进行了精心准备,你就会赢得多少市场机会。

2. 对商业计划书要有清晰的预测

商业计划书并不只是写给投资商的,而是写给你自己的,你必须搞清楚市场机会到底藏在哪儿?你的产品又该如何设计,如何让人们更乐意于购买你的产品?谁在和你竞争,你又该如何迎战他们?你如何为自己准备足够的客户资源,使你的企业从正式创立之日起,就有源源不断的销售收入?你将如何去管理你的公司,你打算招多少个伙计,如何给他们分派工作,又如何设立部门,如何快速在市场中扩大规模?你准备在产品开发、人员使用、办公地点租用、购买开业所需的物品上花费多少钱,这些都要有一个清晰的预测。

3. 一定要到市场中去摸底调查

你要思考的事情很多,到市场中去调查一下,把这一切搞清楚,你就知道你所选择的发展目标对不对,有很多时候,你不去研究资料,不去研究那些数据,不到市场中去摸底调查,而是坐在屋子里头脑发热地凭空想象,或者为了应付投资商的要求而花钱雇人去写商业计划书,这就会为你未来的企业酿下巨大的灾难,创业风险即始于此。

4. 对未来3～5年的发展要有规划

要稳扎稳打地开始你的事业大计,在未来3～5年你该如何发展,把一切的思考和问题都想清楚、想透,并把它们写出来,你的大脑将会时刻保持清晰。

许多美国人习惯在创办企业之前,花上几个月甚至一两年时间,去精心地准备商业计划书,他们可能会写出厚厚的几百页的《商业计划书》,把每一个环节都搞得一清二楚,不仅仅包括如何迈出第一步,就连公司发展到3年以后,把企业卖给谁,怎么上市,怎么结束生意,都提前搞得清清楚楚。

5. 要按照商业计划书去执行

当正式成立企业时,他们就会完全按照商业计划书里所写的步骤一至步骤五去行动,这个时候,《商业计划书》就成了事业执行书,如果在行动中想到什么新的主意,遇到什么新的情况,要马上补充到《商业计划书》中去。

二、商业计划书的6C规范

商业计划书是将有关创业的想法,借由白纸黑字最后落实的载体。商业计划书的质量,往往会直接影响创业发起人能否找到合作伙伴、获得资金及其他政策的支持。如何写商业计划书呢?要依据目标,即看计划书的对象而有所不同,是要写给投资者看呢,还是要拿去银行贷款。从不同的目的来写,计划书的重点也会有所不同。不过,商业计划书也有一般的格式,需要涵盖以下必需的内容。撰写商业计划书,首先需要6C的规范,具体如图3-5所示。

1C	概念（Concept）
	就是让别人知道你要卖的是什么

2C	顾客（Customers）
	顾客的范围要很明确，比如说认为所有的女人都是顾客，那五十岁以上、五岁以下的女性也是你的客户吗

3C	竞争者（Competitors）
	需要问，你的东西有人卖过吗，是否有替代品，竞争者跟你的关系是直接还是间接等

4C	能力（Capabilities）
	要卖的东西自己懂不懂？如开餐馆，如果厨师不做了找不到人，自己会不会炒菜？如果没有这个能力，至少合伙人要会，再不然也要有鉴赏的能力，不然最好是不要做

5C	资本（Capital）
	资本可能是现金，也可以是有形或无形资产。要很清楚资本在哪里、有多少，自有的部分有多少，可以借贷的有多少

6C	持续经营（Continuation）
	当事业做得不错时，将来的计划是什么

图 3-5　撰写商业计划书 6C 规范

三、商业计划书的结构

通过商业计划书，创业者有可能说服投资人，且能让执行者看到实施措施。因此，需要有一整套结构，才能理清商业计划书的要点。

所有的商业计划书都应该从"摘要"开始，紧接着是产品理念，其他的部分就可视情况而定了。总之，你要选择最好的表达方式来证明此计划可以成功。

商业计划书的结构包括以下这些。

商业计划书的结构

☆ 摘要

☆ 产品及经营理念

☆ 市场机会

☆ 竞争分析
☆ 个人经历和技能
☆ 市场导入策略
☆ 市场发展措施、所需技术及设备
☆ 市场增长计划
☆ 市场退出策略
☆ 法律法规
☆ 资源配备
☆ 资金计划
☆ 近期规划

四、商业计划书的写作要求

（一）摘要

摘要如非特殊情况，不能超过一页。它的作用是简要阐述产品理念，但要注意，一定要非常简洁。要尽量使用*号来分列观点，而不用名字或段落来展开。越是扼要的观点，就越容易被理解与记住。

同时，摘要是商业计划书中最重要的一部分。很多人通常在读完这一页就做出决定，而不费神去读后面更详细的东西。

（二）主体部分

商业计划书的这一部分包括一系列可能要回答的问题。首先，你要检查每类问题，看看各类问题之间是否有关联性，是否存在明显的跳跃。很多情况下，一类问题只需稍作思考，用一句话就可表达清楚。检查每类问题时都可以遵循这样的顺序：信息量是否足够→是否需要进一步考虑→是否现实可行。以下将逐一阐述主体的各个部分。

主体部分的写作要求

一、产品及经营理念
这部分主要让读者清晰地看到你要进入的领域、所经营的产品，以及在整个商业背景下，该产品的定位。总的说来，它要回答若干个"为什么"。 要点如下。 （1）大致描述一下该产品。 （2）指出要进入的领域。 （3）满足顾客的什么需求。

续表

(4) 顾客为什么有这些需求。
(5) 公司是否有资源对该产品进行研发、推广、销售或物流运用？如果没有，如何才能有效地得到这些资源？
(6) 如何把产品及其优势告诉潜在的用户？它有可能被视作珍品或易用的东西吗？
(7) 与对手或其他能满足用户需求的东西比，该产品有何竞争优势：是技术优势，还是独特的定位？
(8) 如何保持这种竞争优势，是否通过技术专利或排除其他竞争障碍。
(9) 至今为止，你在该领域的工作经验：与潜在客户沟通的本质和程度、是否了解他们对产品的看法。
(10) 其他可能存在的机会：是否能与已有业务共享设备及渠道。

二、市场机会

这部分将回答产品有什么市场机会。即：有什么机会，机会有多大？它的生命周期是什么？
(1) 如何评估产品（或服务）的市场前景
① 描绘市场发展趋势，并分析。
② 估计市场增长率，并分析。
(2) 在既定的竞争态势和用户需求条件下，该产品能占多大的市场份额？此市场份额能为公司带来多少利润？
(3) 你有何优势及资源给公司带来较明显的盈利？
(4) 这个市场是否真有活力，它发展得快吗，前景广泛吗，是否有下降的趋势？
(5) 该产品的生命周期是多长？在产品的既定生命周期内，如何有步骤地进行市场运作？如何打开市场缺口？
(6) 产品（或服务）是否有扩展性，以便扩大市场前景，延长生命周期？
(7) 能否通过技术、定位或细分市场，来挖掘非同一般的市场机会？
(8) 进入市场难易程度如何？
(9) 最关键的是：通过与顾客接触、访谈、实验或其他方法，收集销售信息及用户反馈。

三、竞争分析

这部分主要让读者知道，此商业计划建立在现实的基础之上，因为它表明了计划成功的阻碍，并设计了克服它的方法。它实质上要回答这样一些问题：在业已存在的竞争环境中，该计划是否会泡汤；如果它成功地创造了一个市场，能否在这个市场中持久发展。千万要记住，有时候表面上看来没有明显的竞争，潜在的竞争其实是非常可怕的。

既然存在竞争，就要指出竞争对手有多少，他们在这个领域里的地位。
(1) 直接竞争对手
① 他们占有的市场份额。
② 他们的优势与弱势。
③ 广告与促销。
④ 对新进入者可能采取的阻击措施。
(2) 间接竞争对手：市场可能出现的追随者，相关领域的合作者。
(3) 如何对产品进行差异化定位：与竞争对手有何不同、有何特点和优势、卖点是什么？
(4) 在提炼竞争性卖点时，能否进一步发展，使用户更明显的感知它的好处？
(5) 在满足用户的需求方面，有什么可替代产品？
(6) 与直接竞争对手或可替代产品相比，在价格上是否有优势？

续表

四、个人经历与技能
这部分主要告诉读者，你是否有能力使该业务获得成功。 （1）你能给新业务带来什么？ （2）该产品与你的技能、过去的经历有何关系。 （3）你的团队对新业务有何助益。 界定新业务与旧业务是否存在竞争关系。如果新计划是为了拓展已有的业务，那么这部分将包括如何利用原有的条件使新业务获得成功。同时，这部分也应该包括新产品可能给旧产品带来的冲击，即：如果新业务取得成功，它会给旧业务带来不利影响吗？ ① 描述新产品对旧产品战略及定位的影响。 ② 新产品与旧产品在几个方面是互补还是产生其他作用：如资产、渠道、人力资源、服务、产品、客户资源等。 如果以上几个方面对新业务至关重要，且对旧业务不产生负面影响的话，这部分还应该说清楚你将如何去发展这些方面。
五、市场导入策略
这部分将说明如何启动新计划。即：我们如何在市场上吸引首批客户？ （1）产品生产出来后，你将如何把它导入市场？以最快、最省钱、最小风险同时又能阻击对手的方式。 （2）此阶段如何制订渠道政策、广告及促销方案？ ① 描述产品定位、对此定位进行可行性测试。 ② 让客户在何时何地以何种方式获得产品信息？ ③ 向客户传递什么信息？ ④ 如何达到传播目标：引起受众趣味，刺激受众需求，还是细分受众群？ （3）在产品导入阶段使用什么营销手段？这些手段如何实施？ ① 广告还是彩页？广播还是电视？ ② 区域宣传如何定位？ ③ 宣传频次？ ④ 试点计划如何开展？ ⑤ 如何开展竞争性宣传？直邮效果如何？ ⑥ 如何上广告黄页条目索引？ ⑦ 电话营销方式。 ⑧ 培训计划。 ⑨ 促销活动。 ⑩ 商品秀。 ⑪ 研讨会。 ⑫ 公共关系。 ⑬ 媒体沟通。 ⑭ 新闻发布会。 ⑮ 行业关系建立。 ⑯ 细分市场、细分客户。

续表

六、市场发展措施、所需技术及其他设施
这部分表明落实计划所需要的技术及其他设施。 （1）技术问题 ① 描述产品所需要的技术。 ② 技术条件是否具备，内部具备还是从供应商或合作伙伴处获得。 （2）渠道及客户关系 ① 渠道有哪些？ ② 渠道系统有何创新之处？ ③ 销售队伍需要什么培训、物质刺激及其他支持？ （3）招募销售队伍 ① 确定所需人员的资历、技能。 ② 薪酬。 ③ 其他的激励手段。 ④ 报销政策。 ⑤ 队伍管理方法。 ⑥ 他们可能扮演的角色：中间人、厂商代表及代理。 （4）设施及行政 ① 办公用品清单；如果业务是全新的，基础设施清单。 ② 如何支付这些清单。 ③ 采购或与供应商打交道时是否有特殊需求？ （5）分销渠道 ① 用户在哪里能买到产品？ ② 产品如何才能到达用户手中？ ③ 每年渠道流失率是多少？ ④ 产品在途时间是多少？ ⑤ 什么运输方式最经济？
七、市场增长计划
这部分将表现如何使该业务持续发展。即：我们怎么做才可以不断获得增长，在市场中占有一席之地？ （1）一旦进放市场，如何在一定的市场份额内，谋求最大的发展机会及最大的利润？ （2）是否有潜在的机遇能给此业务带来新的增长点？如果有，如何将它变成现实？ （3）为了获得持续发展，目标用户在哪里？ （4）如何获得地域性扩张？什么时候开始？ （5）市场导入期所利用的营销手段中，哪些还会在持续发展阶段使用？这些手段在质与量上会有什么突破？ （6）是否有别的方法有助于持续增长？资金还是人力？
八、市场退出策略
这部分是为了表明：一切都在我们的把握之中。它可以回答这样的问题：万一我们的计划失败，出现了我们不愿看到的局面以至于需要退出市场，我们也会尽量减少损失，不至于血本无归或名声扫地。 （1）摆明你如何将损失最小化：如何处理积压品、已采购配件、已搭建的基础设施、已雇佣的员工。 （2）如何最大限度地减少对公司形象及声誉的影响。

续表

九、法律法规
这部分将关注: (1) 新业务是否在法律许可的范围内开展? (2) 我们的产品是否合法?在这个领域是否存在相关的规定?如果有,规定上有何限制?我们能否绕过这些限制?即使能,这个努力是否值得? (3) 政府对此类产品有何倾向?
十、资源(人力及技术)配备
这部分回答开展新业务所需要的资源。即我们在资源配备上要有多大的投入,如何得到这些资源。 (1) 近期需要哪些人力资源?最终需求又怎样? (2) 谁将参与到新业务中来?他们的背景及资历如何? (3) 在市场导入及发展期各需要什么资源? (4) 需要什么技术资源?什么时候需要? (5) 开展此业务需要用到什么具体的技能?
十一、资金计划
这部分将清晰说明新业务所需要的资金投入。它要回答这些问题:我们什么时候筹资?到底需要多少钱?钱不够怎么办?什么时候还贷款,以什么方式? (1) 定价 ① 竞争对手如何定价。 ② 你如何定价。 ③ 价格多长时间变更一次。 ④ 竞争对手可能的反应(是否有可能导致价格战,是否能忍受价格战?) (2) 销售预测 ① 你打算卖多少。 ② 增长速度。 ③ 最坏的情况。 ④ 类似的竞争故事。 ⑤ 市场份额定位。 (3) 资金 ① 需要多少资金,什么时候需要? ② 计划开展所需费用的详细情况。 ③ 利润预算。 ④ 现金流。
十二、近期规划
这部分关注:贷款获批后,接下来的几个月将做什么。 (1) 如果计划通过,贷款获得批准,未来90天内你将做什么? (2) 为实施计划,近期需要什么资源、需要做什么决策?

五、商业计划书的编写步骤

准备创业方案是一个展望项目未来前景、细致探索其中合理思路、确认实施项目所需各种必要资源、再寻求所需支持的过程。不过，并非任何创业方案都要完全包括大纲中的全部内容。创业内容不同，相互之间差异也就很大。具体如图3-6所示。

第一阶段 经验学习

第二阶段 创业构思

第三阶段 市场调研

第四阶段 方案起草

写好全文，加上封面，将整个创业要点抽出来写成提要，然后要按下面的顺序将全套创业方案排列起来。
(1) 市场机遇与谋略
(2) 经营管理
(3) 经营团队
(4) 财务预算
(5) 其他与听众有直接关系的信息和材料，如企业创始人、潜在投资人，甚至家庭成员和配偶

第五阶段 最后修饰阶段

首先，根据你的报告，把最主要的东西做成一个1～2页的摘要，放在前面。其次，检查一下，千万不要有错别字之类的错误，否则别人对你做事是否严谨会怀疑的。最后，设计一个漂亮的封面，编写目录与页码，然后打印、装订成册

第六阶段 检查

(1) 你的商业计划书是否显示出你具有管理公司的经验
(2) 你的商业计划书是否显示了你有能力偿还借款
(3) 你的商业计划书是否显示出你已进行过完整的市场分析
(4) 你的商业计划书是否容易被投资者所领会。商业计划书应该备有索引和目录，以便投资者可以较容易地查阅各个章节。还应保证目录中的信息流是有逻辑的和现实的
(5) 你的商业计划书中是否有计划摘要并放在了最前面，计划摘要相当于公司商业计划书的封面，投资者首先会看它。为了保持投资者的兴趣，计划摘要应写得引人入胜
(6) 你的商业计划书是否在文法上全部正确
(7) 你的商业计划书能否打消投资者对产品（服务）的疑虑

图3-6　商业计划书的编写步骤

六、商业计划书的写作注意事项

（1）要简明扼要。以2～3页的执行大纲（Executive Summary）为绪言，主体内容以7～12页为佳。注重企业内部经营计划和预算的笔墨。

（2）要明确声明公司的目标与公司的业务类型。

（3）要使用国际通用单位：资金单位须用"美元"（US$），面积单位用"公顷"（1公顷=15亩=10000平方米），长度单位用"米、千米"，重量单位统一用"克、千克"。

（4）要阐述为达到目标所制订的策略与战术。

（5）要陈述清楚公司需要多少资金？用多久？怎么用？

（6）要有一个清晰和符合逻辑的让投资者撤资（退出机制）的策略。

（7）要分析项目的经营风险与规避方法。

（8）要有具体数据资料，有根据和有针对性的数据必不可少。

（9）要使用上好的打印纸及一个吸引人而得体的封面包装项目商业计划书。

（10）要预备额外的拷贝件以作快述阅读之用，还要准备好项目的基础财政数据。

（11）忌用非专业或过于专业性的词语来描述产品或生产营运过程，尽可能使用比较专业而又通俗易懂的词句。

（12）忌用含糊不清或无确实根据的陈述或结算表，比如在没有细则陈述的情况下就说"要增加生产线"等。

（13）忌隐瞒事实之真相。

在此，提供一份商业计划书模板，仅供读者参考。

【实战范本】商业计划书模板 ▶▶▶

商业计划书模板

项目名称：_____

创业团队（个人）：_____

日　　期：_____

目　　录

第一部分　策划书摘要……………………………………

第二部分　产品/服务………………………………………

第三部分　行业及市场情况………………………………

第四部分　组织与管理……………………………………

第五部分　营销策略………………………………………

第六部分　产品制造 ……………………………………………………

第七部分　融资说明 ……………………………………………………

第八部分　财务计划 ……………………………………………………

第九部分　风险评估于防范 ……………………………………………

第十部分　项目实施进度 ………………………………………………

第十一部分　其他

备查资料清单 ……………………………………………………………

第一部分　策划书摘要

说明：策划书摘要应该尽量控制在2页纸内完成。

商业策划书摘要应该涵盖该策划书的所有要点，浓缩所有精华，并要求简洁、可信、一目了然。

第二部分　产品/服务

产品/服务描述（这里主要介绍拟投资的产品/服务的背景、目前所处发展阶段、与同行业其他企业同类产品/服务的比较，本企业产品/服务的新颖性、先进行和独特性，如拥有的专门技术、版权、配方、品牌、销售网络、许可证、专营权、特许权经营等）。

企业现有的和正在申请的知识产权（专利、商标、版权等）。

专利申请情况。

产品商标注册情况。

企业是否已签署了有关专利权及其他知识产权转让或授权权许可的协议？如果有，请说明（并附主要条款）。

目标市场：这里对产品面向的用户种类要进行详细说明。

产品更新换代周期：更新换代周期的确定要有资料来源。

产品标准：详细列明产品执行的标准。

详细描述本企业产品/服务的竞争优势（包括性能、价格、服务等方面）。

第三部分　行业及市场情况

1.行业情况

行业情况包括行业发展历史及趋势，哪里行业的变化对产品利润、利润率影响较大，进入该行业的技术壁垒、贸易壁垒、政策限制等，行业市场前景分析与预测。

（1）列表说明过去3年或5年各年全行业销售总额：必须注明资料来源。

（2）列表说明未来3年或5年各年全行业销售收入预测：必须注明资料来源。

2.目标市场情况

(1)图表说明目标市场容量的发展趋势。

(2)本企业与目标市场内五个主要竞争对手的比较:主要描述在主要销售市场中的竞争对手(见下表)。

竞争对手	市场份额	竞争优势	竞争劣势
本企业			

(3)市场销售有无行业管制,企业产品进入市场的难度分析。

第四部分 组织与管理

1.企业基本情况

拟定的企业名称:

预期成立时间:

预期注册资本:

其中:现金出资额及占股份比例

预期注册地点:

2.企业主要股东情况

列表说明股东的名称及其出资情况。

股东名称	出资额	股份说明	出资形式	联系人	联系电话
甲方					
乙方					
丙方					
丁方					

3.企业内部部门设置情况

以图形来表示本企业的组织结构,并说明每个部门的责权利、部门与部门之间的关系等。

4.企业员工的招聘与培训

5.董事会成员名单（可根据本公司实际情况去决定职位安排）

序号	职 务	姓 名	学历或职称	联系电话
1	董事长			
2	副董事长			
3	财务负责人			
4	市场营销负责人			
5	技术开发负责人			

第五部分 营销策略

1.产品销售成本的构成及销售价格制订的依据：如果产品已经在市场上形成了竞争优势，请说明与哪些因素有关（如成本相同但销售价格低、成本低形成销售优势，以及产品性能、品牌、销售渠道优于竞争对手产品，等等）。

2.在建立销售网络、销售渠道、设立代理商、分销商方面的策略与实施。

3.在广告促销方面的策略与实施。

4.在产品销售价格方面的策略与实施。

5.在建立良好销售队伍方面的策略与实施。

6.产品售后服务方面的策略与实施。

7.在其他方面的策略与实施。

8.对销售队伍采取什么样的激励机制。

第六部分 产品制造

（如果是非制造业，则不需要产品制造，可以制订相应的经营计划）

1.产品生产制造方式（企业自建厂生产产品，还要委托生产，或者其他方式，请说明原因）

企业自建厂，购买厂房还是租用厂房，厂房面积是多少，生产面积是多少，厂房地点在哪里，交通、运输、通讯是否方便。

现有生产设备情况（专用设备还是通用设备，先进程度如何，价值多少，是否投保，最大生产能力是多少，能否满足产品销售增长的要求，如果需要增加设备，采购计划，采购周期及安装调试周期）。

请说明，如果设备操作需要特殊技能的员工，如何解决这一问题。

2.简述产品的生产制造过程、工艺流程

如何保证主要原材料、元器件、配件以及关键零部件等生产必需品的进货渠道的稳定性、可靠性、质量及进货周期，列出三家主要供应商名单及联系电话。

主要供应商一：_____
主要供应商二：_____
主要供应商三：_____

正常生产状态下，成品率、返修率、废品率控制在怎样的范围内，描述生产过程中产品的质量保证体系以及关键质量检测设备。

3.产品成本和生产成本如何控制，有怎么样的具体措施。

4.产品批量销售价格的制订，产品毛润率是多少？纯利润率是多少？

第七部分　融资说明

1.为保证项目实施，需要的资金是_____万元，需要资方投入____万元，对外借贷_____万元。如果有对外借贷，担保措施是什么？（你现在手上已经拥有的投资金额是____万元人民币，若资金不足可以通过融资的方式集资，但也要说明你是如何进行融资）

2.请说明投入资金的用途和使用计划。

3.拟向外来投资方出让多少权益？计算依据是什么？

4.预计未来3年或5年的平均每年净资产收益率是多少？

5.外来投资方向可享有哪些监督和管理权力？

6.如果企业没有实现项目发展计划，企业与管理层向投资方承担哪些责任？

7.外来投资方以何种方式收回投资，具体方式和执行时间。

8.在与企业业务有关的税收和税率方面，企业享受哪些政府提供的优惠政策以及未来可能的情况（如市场准入、减免税等方面的优惠政策）。

9.需要对外来投资方说明的其他情况。

第八部分　财务计划

1.产品形成规模销售时毛利润率为_____%，纯利润率为_____%。

2.请提供：未来3年的计划项目盈亏平衡表、项目资产负债表、项目损益表、项目现金流量表、项目销售计划表、项目产品呈报表。

注：每一项财务数据要有依据，要进行财务数据说明。

第九部分　风险评估与防范

请详细说明该项目实施过程中可能遇到的风险以及控制、预防手段（包括可能的政策风险、加入WTO的风险、技术开发的风险。经营管理风险、市场开拓风险、生产风险、财务风险、汇率风险、投资风险、对企业关键人员依赖的风险等。每项要单独叙述控制和防范手段）

第十部分　项目实施进度

详细列明项目实施计划和进度（注明起止时间）。

第十一部分 其他

为了补充本项目计划书内容,需要进一步说明的有关问题(如企业或企业主要管理人员和关键人员过去、现在是否卷入法律诉讼以及仲裁事件中,对企业有何影响)。

请将产品彩页、产品宣传介绍册、证书作为附件于此。

第四章

公司开办的法律事务

办理公司注册须经过以下过程：名称预先核准、租房、编写"公司章程"、刻私章、到会计师事务所领取"银行询征函"、去银行开立公司验资账户、办理验资报告、注册公司、刻公章和财务章、办理企业组织机构代码证、去银行开基本户、办理税务登记、申请领购发票。在此讲解几个重要的过程。

第一节 开业登记之前的事项

一、选好创业项目

选好创业项目是创业成功的前提。选项目除了要舍得花时间和精力外还需要掌握一定的方法。对看着可行的项目要在纸上列提纲分析,淘汰那些有明显问题的项目,然后对备选项目进行深入的可行性分析,发现有问题的一律淘汰。对剩余的2~3个可行项目进行比较,选出最适合自己的项目,最后写出可行性分析报告作为决定投资、进行合作的依据。不熟悉可行性分析报告写作的创业者可参考一些样本逐条分析,并把分析结果记下来,最后可以请专业人士帮忙加工成规范的报告。

创业者在完成可行性分析报告的过程中,应本着实事求是的原则,尽量采用定性分析与定量分析相结合的方法,要对项目的可操作性进行具体详细的论证。在进行项目可行性分析时应该避免出现以下情况。

(1) 简单推断市场前景。
(2) 夸大技术优势作用。
(3) 低估竞争对手。
(4) 片面理解扶持政策。
(5) 漏算所需资金支出。
(6) 过高估计投资回报。
(7) 回避可能出现问题等。

另外,目前存在的以下几种现象也值得警惕。
(1) 不认真进行可行性分析就盲目投资。
(2) 可行性分析时先主观臆造结论然后"凑"论据。
(3) 不顾实际情况一味将可行性报告编成"可批性"报告。

二、名称预先核准

根据《中华人民共和国公司登记管理条例》第十七条的规定,设立公司应当向公司登记机关申请公司名称的预先核准。

(一)名称预先核准登记程序

办理名称预先核准登记,一般要经图4-1所示的步骤。

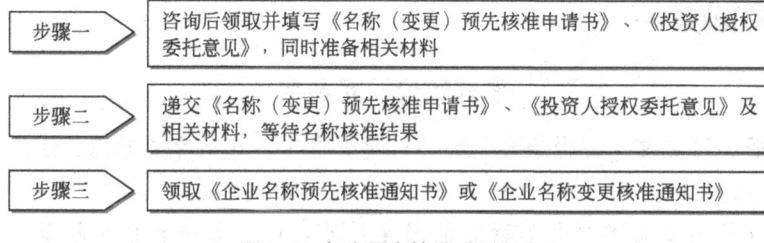

图 4-1　名称预先核准登记程序

（二）申请名称预先核准登记应提交的文件、证件

名称预先核准登记、名称变更预先核准登记应提交的文件、证件。
（1）《名称（变更）预先核准申请书》。
（2）《投资人授权委托意见》。

（三）名称有效期

预先核准的名称有效期为6个月，有效期届满，预先核准的名称失效。
预先核准的名称在有效期内，不得用于从事经营活动，也不得进行转让。

（四）名称延期

预先核准的名称有效期届满前30日内，申请人可以持《企业名称预先核准通知书》或《企业名称变更预先核准通知书》向名称登记机关提出名称延期申请。
申请名称延期应由全体投资人签署《预先核准名称有效期延期申请表》，有效期延长6个月，期满后不再延长。

（五）企业名称的一般性规定

（1）企业名称不得含有下列内容和文字。
① 有损于国家、社会公共利益的。
② 可能对公众造成欺骗或者误解的。
③ 外国国家（地区）名称、国际组织名称。
④ 政党名称、党政军机关名称、群众组织名称、社会团体名称及部队番号。
⑤ 其他法律、行政法规规定禁止的。
（2）企业名称应当使用符合国家规范的汉字，不得使用汉语拼音字母、阿拉伯数字，法律法规另有规定的除外。
（3）在名称中间使用"国际"字样的，"国际"不能作字号或经营特点，只能作为经营特点的修饰语，并应符合行业用语的习惯，如国际贸易、国际货运代理等。

相关链接

怎样给公司起名字

注册公司之前,你得给自己的公司起好名字。起名字要考虑的因素很多。

1. 你的经营范围

不同的经营范围公司后面带的名字是不同的。如叫科技有限责任公司,你就可以做软硬件、卖产品、做服务。但叫管理咨询公司就不合适卖产品。有的行业,如叫培训公司,需要申请资质的,不是自己想起就可以起的,这方面可以找专业注册代理公司咨询下。

2. 名字大小

你是准备带中国,还是省份,还是城市的头,如你要叫中国×××公司,中华×××公司,你的注册资金是有要求的。如武汉×××公司注册资金3万元就够了,现在即使是3元万注册资金,都可以申请一个湖北开头的,在公司法修改之前,这样的公司注册资本原来要求是过百万的。

3. 名字的上口性

名字应该好读好记。

4. 名字的可视化

最好你的名字很容易设计成Logo,和Logo互动,便于别人联想。

5. 名字的唯一性

先得到当地工商网站上搜索下,看你要注册的名字是否被别人想到了,这个可真是让人感慨,好名字都被别人想到了。即使没有冲突,也要百度或谷歌一下,看是否同名程度高,搜索排名想抢第一很困难。在取名字的时候,就要考虑到未来的宣传。深谋远虑,则路会走得越长越顺。

三、制订公司章程

接下来要起草公司章程,并由各股东签字(章)确认。公司章程需明确规定各股东的投资金额、所占股权比例及出资方式(现金或实物资产、无形资产)、出资时间。

(一)有限责任公司章程

有限责任公司章程由股东共同制订,经全体股东一致同意,由股东在公司章程上签名盖章。修改公司章程,必须经代表三分之二以上表决权的股东通过。有限责任公司的章程,必须载明下列事项。

(1) 公司名称和住所。
(2) 公司经营范围。
(3) 公司注册资本。
(4) 股东的姓名或名称。
(5) 股东的权利和义务。
(6) 股东的出资方式和出资额、出资时间。
(7) 股东转让出资的条件。
(8) 公司机构的产生办法、职权、议事规则。
(9) 公司的法定代表人。
(10) 公司的解散事由与清算办法。
(11) 股东认为需要规定的其他事项。

（二）股份有限公司章程

股份有限公司章程中应载明下列主要事项。
(1) 公司名称和住所。
(2) 公司经营范围。
(3) 公司设立方式。
(4) 公司股份总数、每股金额和注册资本。
(5) 发起人和姓名或者名称、认购的股份数、出资方式及出资时间。
(6) 股东的权利和义务。
(7) 董事会的组成、职权、任期和议事规则。
(8) 公司的法定代表人。
(9) 监事会的组成、职权、任期和议事规则。
(10) 公司利润分配方法。
(11) 公司的解散事由与清算办法。
(12) 公司的通知和公告办法。
(13) 股东大会认为需要规定的其他事项。

股份有限公司章程由发起人制订，经出席创立大会的认股人所持表决权的半数以上通过；修改公司章程，必须经出席股东大会的股东所持表决权的三分之二以上通过。

 特别提示 ▶▶▶

公司章程缺少上述必备事项或章程内容违背国家法律法规规定的，公司登记机关应要求申请人进行修改；申请人拒绝修改的，应驳回公司登记申请。

相关链接

公司的经营范围

公司的经营范围是指公司在经营活动中所涉及的领域,也是公司具有什么样的生产项目、经营种类、服务事项。

一、确定经营范围的因素

公司之所以需要确定经营范围,主要是考虑以下因素。

(1) 投资者需要知道公司资金的投向,也就是资金投入的项目和承担风险的界限。

(2) 公司在经营过程中权利能力、行为能力的大体界定。

(3) 公司董事、监事、高级管理人员可以明晰自己权限所及的领域。

(4) 建立和维护一定的管理秩序、经营秩序,防止无序状态。

公司需要有一定的经营范围,这个经营范围不是由行政主管部门确定或指定的,而是由公司自行确定的。

公司的经营范围并不是固定不变的,而是随着经济环境的变化和公司决策的变化,允许公司改变、调整经营范围。但是在需要变更经营范围的时候,应当依照法定的程序修改公司章程,记载变更的内容,并办理公司经营范围的变更登记。

二、一般经营项目

一般经营项目是指不需批准,企业可以自主申请的项目。

以下经营项目参照《国民经济行业分类》及有关规定,仅供企业参考,企业可根据具体需要自主选择一项或者多项经营项目,经营范围应当包括或者体现企业名称中的行业或者经营特征。跨行业经营的企业,经营范围中的第一项经营项目所属的行业为该企业的行业。

序号	类别	经营范围(一般经营项目)
一	投资	(一) 大类:投资兴办实业(具体项目另行申报);投资管理(不含限制项目);投资咨询(不含限制项目);投资顾问(不含限制项目) (二) 小类 1.股权投资基金 (1) 对未上市企业进行股权投资 (2) 开展股权投资和企业上市咨询业务 2.股权投资基金管理:受托管理股权投资基金 3.私募证券投资基金管理:投资于证券市场的投资管理(理财产品须通过信托公司发行,在监管机构备案,资金实现第三方银行托管) 4.创业投资 (1) 创业投资业务

续表

序号	类别	经营范围（一般经营项目）
一	投资	（2）受托管理创业投资企业等机构或个人的创业投资业务 （3）创业投资咨询业务 （4）为创业企业提供创业管理服务业务 （5）参与设立创业投资企业与创业投资管理顾问 5.从事担保业务（不含融资性担保业务及其他限制项目），法律、行政法规和国务院决定规定需要前置审批的项目，取得相关审批后方可经营
二	电子商务	（1）有具体经营范围的：网上经营××、网上提供××服务；网上贸易、网上咨询、网上拍卖、网上广告、网络商务服务、数据库服务、数据库管理 （2）从事电信特许类的，按行政许可内容核定经营范围
三	农业	农产品种植、养殖及其技术研发；谷物种植；豆类、油料、薯类种植；蔬菜、食用菌、园艺作物种植；花卉种植；中药材种植；水果种植
四	建筑业	（一）大类：建筑工程施工、装饰、装修（取得建设行政主管部门颁发的资质证书方可经营）；电气安装；管道和设备安装 （二）小类：通信线路和设备安装；电子设备工程安装；电子自动化工程安装；监控系统安装；保安监控及防盗报警系统安装；智能卡系统安装；电子工程安装；智能化系统安装；建筑物空调设备、采暖系统、通风设备系统安装；机电设备安装、维修；门窗安装；电工维修；木工维修；管道工维修
五	批发和零售业	（一）大类：国内贸易（不含专营、专卖、专控商品）；经营进出口业务（法律、行政法规、国务院决定禁止的项目除外，限制的项目须取得许可后方可经营）；初级农产品批发、销售；服装、纺织品、针织品、日用百货批发、销售；文化用品、体育用品批发、销售；建材批发、销售；机械设备、五金产品、电子产品批发、销售；首饰、工艺品批发、销售 （二）小类 1.初级农产品 新鲜蔬菜、水果的批发/零售/购销（经营方式可选择，下同，用"销售"代替） 2.纺织、服装类 男士服装、女士服装、童装、围巾、头巾、手套、袜子、皮带、领带、领结、领带夹及饰物、胸针的销售；鞋、帽、床上用纺织品（床单、床罩、被褥等）、室内装饰用纺织品（窗帘、桌布、地毯、挂毯等）、纺织品（毛巾、浴巾等）的销售 3.化妆品、卫生用品类 化妆品、卫生用品的销售（护肤用品、头发护理用品、香水、妇女卫生用品、卫生纸、纸巾、洗漱用品等） 4.厨房、卫生间用具、灯具、装饰品、家用电器 （1）厨房、卫生间用具、灯具、装饰物品、家用电器、家具的销售 （2）钟表、眼镜、箱、包的销售 5.文化、体育用品类 （1）文具用品、体育用品、首饰、工艺美术品的销售

续表

序号	类别	经营范围（一般经营项目）
五	批发和零售业	（2）珠宝首饰、金银首饰、钻石首饰、雕刻工艺品、花画工艺品、织制工艺品的销售 （3）玩具、乐器、照相器材的销售 6.建材、化工产品类 （1）建筑和装饰装修材料、建筑声学光学材料、环保节能材料批发、销售；涂料、油墨、颜料、染料、橡胶制品、塑料制品的销售 （2）化工产品、高分子材料、纤维材料及工艺和设备的研发和销售；印制线路板的设计及购销；防护材料的技术开发；涂料、防火材料的销售 （3）一类医疗用品及器材的销售 7.机械设备、五金产品、电子产品类 （1）农业机械、汽车零配件、摩托车及其零配件、电力照明设备、电动机的销售 （2）汽车（不含小轿车）、自行车销售 （3）计算机、软件及辅助设备的销售 （4）通讯设备的销售；无线电及外部设备、网络游戏、多媒体产品的系统集成及无线数据产品（不含限制项目）的销售；无线接入设备、GSM与CDMA无线直放站设备的销售 （5）仪器仪表、办公设备的销售
六	信息传输、软件和信息技术服务业	计算机软件、信息系统软件的开发、销售；信息系统设计、集成、运行维护；信息技术咨询；集成电路设计、研发
七	房地产业	在合法取得使用权的土地上从事房地产开发经营；物业管理；房地产经纪；房地产信息咨询；自有物业租赁
八	租赁和商务服务业	1.租赁类 机械设备租赁（不配备操作人员的机械设备租赁，不包括金融租赁活动）；汽车租赁（不包括带操作人员的汽车出租）；农业机械租赁；建筑工程机械与设备租赁；计算机及通信设备租赁；自行车、照相器材出租；体育设备出租 2.企业管理类（指不具体从事对外经营服务，只负责企业的重大决策、资产管理，协调管理下属各机构和内部日常工作的企业总部的活动） 企业总部管理；后勤管理 3.会议展览、广告类 （1）企业形象策划；文化交流；文化活动策划；礼仪服务、会务服务；市场营销策划；展览展示策划 （2）从事广告业务（法律、行政法规、国务院决定规定需另行办理广告经营项目审批的，需取得许可后方可经营） 4.办公服务 （1）劳务派遣 （2）翻译、打印及复印；商务文印；电脑喷绘、晒图；电脑绘图 （3）报关代理、企业证件代办

续表

序号	类别	经营范围（一般经营项目）
八	租赁和商务服务业	5.其他 （1）信息咨询（不含限制项目）；经济信息咨询（不含限制项目）；贸易咨询；企业管理咨询（不含限制项目）；商务信息咨询；商业信息咨询 （2）国内、国际货运代理；从事装卸、搬运业务；供应链管理；物流方案设计；物流信息咨询 （3）从事非疾病类心理服务、非药物性心理服务 （4）火车票、机票代售
九	科学研究和技术服务业	1.工程和技术研究类 冶金工程技术研究；能源科学技术研究；电子、通信与自动控制技术研究；计算机科学技术研究；土木工程研究；水利工程研究；交通运输工程研究；食品科学技术研究 2.地质勘查 地质勘查 3.工程技术类 （1）工程技术咨询、工程材料咨询、工程造价咨询、工程监理、工程招标代理（取得建设行政主管部门颁发的资质证书方可经营） （2）建筑工程设计、施工（取得建设行政主管部门颁发的资质证书方可经营） 4.其他类 （1）工业设计、时装设计、包装装潢设计、多媒体设计、动漫及衍生产品设计、动漫产品设计、饰物装饰设计、展台设计、规划模型设计、沙盘模型设计 （2）摄影扩印服务 5.技术推广类 （1）农业技术、生物技术、新材料技术、节能技术推广；生物制品的技术开发；生物科技产品的技术开发 （2）科技信息咨询 （3）宣传学科知识
十	居民服务、修理和其他服务业	家政服务；代收干洗衣物；提供代驾、陪驾服务（不含驾驶员技术培训）；计算机和辅助设备、通信设备、办公设备、家用电器（家用电子产品、日用电器）修理；机械设备清洗

四、验资

（一）开立验资账户

成立一个企业，首先要有资本。企业接受外单位投入的资本，可以是实物财产，也可以是货币资金。当企业接受外单位投入货币资金时，企业应将收到的货币资金存入企业所在地具有对公业务的银行网点，作为企业注册资金（如果企业接受外单位投资时,有一部分投资为非货币性资金,银行存款也可以是注册资金的一部分)。

需要注意的是,企业开设验资账户不需要缴纳任何费用。有一些银行工作人员与会计师事务所勾结,在企业开设存款账户时,可能要求会计人员缴纳验资费或要求企业答应与某中介机构联系验资后办理开户手续,以便从中得到好处。

在实际工作中,验资账户的开立都是临时性质并且只能开设一个验资存款账户。根据《人民币银行结算账户管理条例》的规定,单位在验资期间,其验资存款账户只能存不能取,待验资完成后提供有效的证明文件方可办理正常业务,且验资存款户不用报人民银行批准。

因设立公司而开立验资账户的单位必须提供的开户资料是工商行政管理机关核发的《公司名称预先核准通知书》原件及复印件、法人代表身份证原件及复印件、经办人员身份证原件及复印件、需汇划缴存的资金等。

对因增资验资而开立验资账户的单位必须提供的开户资料有:基本存款账户开户许可证、股东会或董事会决议、工商行政管理局核发的《营业执照》副本原件及复印件、法人代表身份证原件及复印件、经办人员身份证原件及复印件、需汇划缴存的资金等。

开立验资账户,银行支行应出具验资用《银行询证函》或《存款证明》等文件时,要双人经办,主办会计审核,由银行支行或信用社主任签发,才能对外出具验资用《银行询证函》或《存款证明》等证明文件。同时报市分行或联社备案,报备时必须提供验资用《银行询证函》或《存款证明》文件预备件(经办人、审核人、银行或信用社主任签字确认,但不加盖印章)并附验资账户在银行或信用社的分户账明细和汇款(缴款)单复印件。

验资不成功的,根据原汇款人提供的工商行政管理部门和会计师事务所共同出具的《验资款退出通知书》及有关结算凭证将款项划转回原出资人账户,同时撤销该验资账户。若注册验资资金原以现金方式存入,原出资人需要提取现金的,必须出具缴存现金时的现金交款单原件或复印件及其有效的身份证件并签收,确保原出资人收妥。

一般情况下,单位注册验资账户的最长使用期限为6个月。

如果工商部门不予批准成立的,由工商部门出具不予批准设立的证明,对于企业验资存款户中的验资款项,原银行应按原路转回,即怎么划来的款项就怎么再划回。

(二) 验资的程序

开业验资的程序如图4-2所示。

- 凭工商管理部门的公司名称核准通知书到银行开设公司临时账户
- 各股东全部以现金出资的，应根据公司名称核准通知书及公司章程规定的投资比例及投资金额，分别将投资款缴存公司临时账户，缴存投资款可采用银行转账或直接缴存现金两种方式

  > 股东在缴存投资款时，在银行进账单或现金缴款单的"款项用途"栏应填写"××（股东名称）投资款"

- 股东如以实物资产（固定资产、存货等）或无形资产（专利、专有技术）出资，则该部分实物资产或无形资产需经过持有资产评估资格的会计师事务所或资产评估公司评估，并以经评估后的评估价值作为股东的投入额
- 与会计师事务所签订验资业务委托书，委托会计师事务所验资。向会计师事务所提供以验资资料
- 协助会计师事务所到公司开户银行询证股东投资款实际到位情况
- 一个工作日后到会计师事务所领取验资报告，并到工商行政管理局登记分局专门登记备案

图4-2　开业验资的程序

（三）开业验资提交资料

设立验资应提供下列资料。

（1）被审验单位的设立申请报告及审批机关的批准文件。

（2）被审验单位出资者签署的与出资有关的协议、合同和企业章程。

（3）出资者的企业法人营业执照或自然人身份证明。

（4）被审验单位法定代表人的任职文件和身份证明。

（5）全体出资者指定代表或委托代理人的证明和委托文件、代表或代理人的身份证明。

（6）经企业登记机关核准的"企业名称预先核准通知书"。

（7）被审验单位住所和经营场所使用证明。

（8）银行出具的收款凭证、对账单（或具有同等证明效力的文件）及银行询证函回函。

（9）实物移交与验收证明、作价依据、权属证明和实物存放地点的证明。

（10）专利证书、专利登记簿、商标注册证、土地使用权证、房地产证、土地红线图及有关允许出资的批准文件。

（11）政府有关部门对高新技术成果的审查认定文件。

（12）与无形资产有关的转让合同、交接证明及作价依据。

（13）实物资产、无形资产等的评估报告及出资各方对资产价值的确认文件。

（14）出资者对其出资资产的权属及未设定担保等事项的书面声明。

（15）拟设立企业及其出资者签署的在规定期限内办妥有关财产权转移手续的承诺函。

（16）拟设立企业关于依法建立会计账簿等事项的书面声明。

（17）被审验单位确认的货币出资清单、实物出资清单、无形资产出资清单、与净资产出资相关的资产和负债清单、注册资本实收情况明细表。

（18）国家相关法规规定的其他资料。

第二节　申请办理营业执照

营业执照是企业或组织拥有合法经营权的凭证。

由于经营主体有个体户和私营企业之分，所以登记手续也稍有不同。

一、个体户开业登记

个体户开业登记的一般程序为：申请、受理、审批、发执照，如图4-3所示。

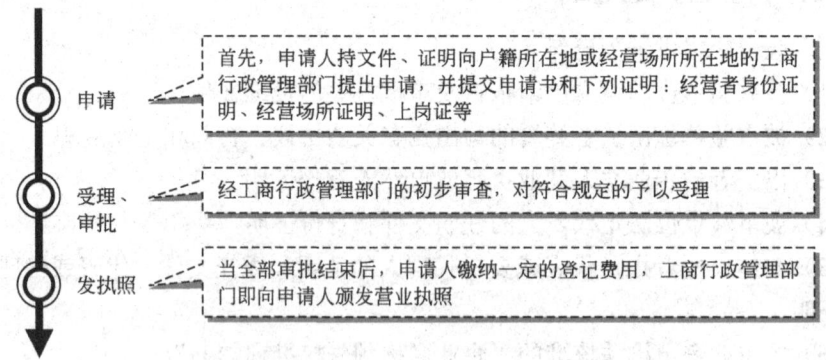

图4-3　个体户开业登记的一般程序

二、私营企业开业登记

私营企业是指生产资料和企业资产属于私人所有的营利性经济组织。一般分为有限责任公司、独资企业和合伙企业三种形式。私营企业开业登记，是指私营企业筹备工作就绪后，依照国家法律、法规向登记主管机关申请在某一行业从事生产、经营活动，办理正式的营业登记。

特别提示 ▶▶▶

由于各地工商管理政策和规定、具体办理事项、程序有所不同，创业者应先向当地工商管理局有关部门进行咨询，详细了解具体操作办法，并做好充分的准备。

（一）开业登记程序

开业登记程序如图4-4所示。

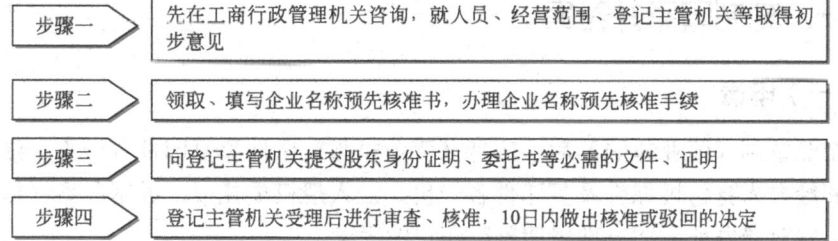

图4-4 开业登记程序

（二）应提交的文件

因为私营企业开业登记手续较为繁杂，故应提交的文件也比较多。包括以下内容。

（1）申请人身份证明。独资企业申请人是投资者本人，合伙企业申请人是指合伙人推举的负责人。

（2）凡是申请开办私营企业的人员，必须出具居民身份证。

（3）场地使用证明包括：自有私房应提交房产证明。租用房屋、场地应提交房屋场地租赁合同、有关房地产证明及管理部门许可使用证明。使用土地应提交土地管理部门的批准文件。

（4）验资证明。

（5）《企业名称预先核准通知书》。

（6）应提交公司章程及董事长、董事、监事等任职文件。

（7）开办合伙企业，需提交合伙人的书面协议。合伙协议应载明以下事项。

① 合伙企业的名称和主要经营场地的地点。

②合伙目的和合伙企业的经营范围。
③合伙人姓名及其住所、合伙人出资方式、数额和缴付出资的期限。
④利润分配和亏损分担办法。
⑤合伙企业事务的执行。
⑥入伙与退伙，合伙企业的解散与清算。
⑦违约责任等。

合伙协议可载明合伙企业的经营期限和合伙人争议的解决方法。合伙协议须经全体合伙人签名、盖章后生效。

第三节　登记注册后的事项

一、刻制印章并备案

（一）申请

企业拿到《营业执照》后，应持《营业执照》原件和复印件各一份、法定代表人和经办人身份证原件及复印件各一份、法人授权委托书，并附印章样模，到属地公安分局办证大厅办理申请刻制印章的手续。

（二）刻制印章

企业须凭公安分局填发的《刻章许可证》到市公安局核准的刻章店刻章。

（三）印章备案

印章刻好之后将新刻的印章盖在印鉴卡上，并于三个工作日内将该印鉴卡交回公安分局原审批窗口备案。

 特别提示 ▶▶▶

必须在《营业执照》签发日期起一个月之内办好备案，有特别原因延误的，可以在证明上说明合理的原因才接受印章备案，否则公安机关不再接受印章备案。

二、组织机构代码登记

组织机构代码（以下简称代码），是指根据国家的代码编制规则编制，赋予机关、企业、事业单位、社会团体及其他组织（以下统称组织机构）在全国范围内唯一的、始终不变的法定标识。

 特别提示 ▶▶▶

由于各地的质量技术监督局的政策和规定、具体办理事项、程序有所不同，创业者应先向当地质量技术监督局有关部门进行咨询，详细了解具体操作办法，并做好充分的准备。

（一）提供资料

（1）法定代表人身份证原件、复印件（若干）。

（2）如果法定代表人或负责人为港、澳、台人士或外国人，则提供回乡证、台胞证或护照的复印件1份（验原件）。

（3）代办人身份证原件、复印件（若干）。

（4）新设立的公司的营业执照正副本原件、副本复印件（若干）。

（5）新设立公司的公章、法人章。

（二）方法、步骤

办理组织机构代码登记的步骤如图4-5所示。

步骤一	向设立公司所在地的质量技术监督局申领组织机构代码证基本信息登记表
步骤二	根据营业执照信息以及法人、经办人信息填写信息登记表格，严格按照表格填写规范进行填写，并在表头处加盖新设公司公章
步骤三	向质监局工作人员上交信息登记表格以及营业执照原件（交验）复印件、法人代表身份证原件（交验）复印件
步骤四	质监局工作人员进行信息验证，并进行证件打印办理

图4-5 办理组织机构代码登记的步骤

（三）注意事项

（1）提前将各个证件复印好几份，免得办理时因为材料不全，影响办理进度。

（2）填写登记表一定要严格按照填写标准进行填写，不懂的项目要及时向工作人员进行询问、沟通，避免影响办理进度。

（3）外资法人企业先凭名称核准通知书复印件（验原件）和经办人身份证复印件（验原件）办理组织机构代码预赋码，待领取营业执照后，凭上述材料和预赋码通知单上联原件及复印件以及批准证书复印件申领组织机构代码证书。

（4）所有复印件要求清晰，且符合A4规格大小。

三、办理税务登记证

（一）办理开业登记的时间

（1）从事生产、经营的纳税人应当自领取营业执照之日起30日内，主动依法向国家税务机关申报办理登记。

（2）按照规定不需要领取营业执照的纳税人，应当自有关部门批准之日起30日内或者自发生纳税义务之日起30日内，主动依法向主管国家税务机关申报办理税务登记。

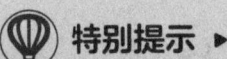

由于各地的税务机关的政策和规定、具体办理事项、程序有所不同，创业者应先向当地国家税务机关有关部门进行咨询，详细了解具体操作办法，并做好充分的准备。

（二）办理开业登记的手续

1. 准备资料

纳税人必须提交书面申请报告，并提供下列有关证件、资料。

（1）营业执照。

（2）有关章程、合同、协议书。

（3）银行账号证明。

（4）法定代表人或业主居民身份证、护照或者回乡证等其他合法证件。

（5）机构总部所在地国家税务机关证明。

（6）国家税务机关要求提供的其他有关证件、资料。

2. 填报税务登记表

纳税人领取税务登记表或者注册税务登记表后，应当按照规定内容逐项如实填写，并加盖企业印章，经法定代表人签字或业主签字后，将税务登记表或者注册税务登记表报送主管国家税务机关。

企业在外地设立的分支机构或者从事生产、经营的场所，还应当按照规定内容逐项如实填报总机构名称、地址、法定代表人、主要业务范围、财务负责人等。

3.领取税务登记证件

纳税人报送的税务登记表或者注册税务登记表和提供的有关证件、资料，经主管国家税务机关审核后，报国家税务机关批准予以登记的，应当按照规定的期限到主管国家税务机关领取税务登记证或者注册税务登记证及其副本，并按规定缴付工本管理费。

 相关链接 ▶▶▶

税务登记证年检

一、税务登记证年检办理时限

税务登记证一般3年左右要换证，具体时间由国家税务总局确定，并进行公告，全国统一换发。证件有效时间为领取登记证之日起至换发截止之日（换证当年领取的登记证无需换证，有效期延续至下一换证时间）。税务登记证同时需要年检，年检时间要查看当地主管税务机关的通知。

二、税务登记证年检相关资料

（1）公司上年12月31日资产负债表、上年度利润表。

（2）公司上年度会计账册（总账、明细账）。

（3）公司上年12月31日止开户银行的银行对账单。

（4）公司上年12月31日短期投资余额清单。

（5）公司上年12月31日应收账款余额清单。

（6）公司上年12月31日其他应收款余额清单。

（7）公司上年12月31日存货明细清单（以实物投资的公司提供）。

（8）公司上年12月31日固定资产明细清单（以实物投资的公司提供）。

（9）公司企业法人营业执照。

（10）公司章程。

（11）公司验资报告。

（12）公司实收资本到位进账单复印件。

四、到银行开户

办理银行开户，主要是指企业成立之初开立验资存款户和开立基本存款户。因为企业只有开立基本存款户后，才可以开立一般存款、临时存款、专用存款户等。

（一）开立基本账户

企业验资存款户验资成功，工商行政管理部门批准成立的，由开户单位提供开户资料送交中国人民银行审批，中国人民银行审批合格的转为基本存款户；若开户单位不在验资银行开立基本存款户，应允许其在其他银行开立基本存款户后，开立企业应将其在原银行验资款转入其在其他银行开立的基本存款户。或者，开户单位不在原银行开立基本存款户，在其他银行开立基本存款账户的，那么，原验资行的验资存款账户要申请为一般存款账户，企业要将验资存款户验资款项转为一般存款账户后，再将验资款转入其基本存款户。

1.基本存款账户的使用范围

企业开立的基本存款账户，是指存款人办理日常转账结算和现金收付而开立的银行存款结算账户，是存款人的主要存款账户。其使用范围包括：存款人日常经营活动的资金收付，以及存款人的工资、奖金和现金的支取。

2.应提交的资料

在企业属地任一具有对公业务的银行金融网点开设基本存款账户，或将验资存款户直接转为基本存款账户时，企业应需提供如下相关资料。

（1）开户证明。即验资时，由银行出具的验资用《银行询证函》或《存款证明》等文件。

（2）企业的营业执照正本原件及复印件。

（3）组织机构代码证正本原件及复印件。

（4）法人代表身份证原件及复印件。

（5）国、地税的税务登记证原件及复印件。

（6）盖一套单位的印鉴卡（一式三份，由银行提供）。另外，预留的印鉴可以是公章（或财务专章）加上私章（或签名）。私章主要是单位法人代表的章或出纳人员的章，也可以是单位法人代表的章或出纳人员的章。

（7）开立单位银行结算账户的申请书（一式三份，需加盖单位公章、法人签名）。

（8）法人（或负责人）授权委托证明书一份、代理人身份证复印件等。

（9）银行需提供的其他资料。

3.基本账户的名称

企业银行存款基本账户的名称，应按照营业执照上的单位名称设置。

4.领证时间

一般情况下，一周（按规定为5个工作日）后，会计人员即可到开户行领取基本账户开户许可证，以此购买现金支票。这时，基本存款账户就基本开立成功。

（二）其他结算账户的开立

企业除了有基本存款账户外，还可能开立一般存款账户、专用存款账户和临时存款账户。

一般存款账户是企业或其他存款人因借款或其他结算需要，在基本存款账户开户银行以外的银行营业机构开立的银行结算账户。该账户只能办理现金缴存，但不得办理现金支取。

1.开立一般存款账户

企业申请开立一般存款账户，应向银行出具其开立基本存款账户规定的证明文件、基本存款账户开户登记证和因向银行借款而签署的借款合同。存款人因其他结算需要的，还应出具有关证明。

开立一般存款账户，除需填制开户申请书、协议书、客户预留印鉴卡外，还要向金融机构提供如下资料。

（1）营业执照正本原件及复印件一份。
（2）组织机构代码证正本原件及复印件一份。
（3）税务登记证正本原件及复印件一份。
（4）基本开户许可证原件及复印件一份。
（5）企业法人身份证原件及复印件一份。
（6）企业公章、财务专用章及法人章。
（7）存入新户头的现金。

以上复印件均用A4纸复印，由此可看出，开立一般存款账户所需提供的资料与开立基本存款账户基本相同，唯一较明显的区别是多了一个基本开户许可证。这样，再经过金融机构工作人员的处理，给出账号，退给一份申请书、协议书及客户预留印鉴卡，并返还所提供原件，一般存款账户便开立完毕。

2.专用存款账户

专用存款账户是指存款人按照法律、行政法规和规章，对有特定用途资金进行专项管理和使用而开立的银行结算账户。专用存款账户适用于基本建设资金、更新改造资金，财政预算外资金，粮、棉、油收购资金，住房基金等专项管理和使用的资金。凡存款人具有专门用途且需要进行专项管理的资金。

五、申请领购发票

发票是财务收支的合法凭证，它既是纳税人进行会计核算的原始凭证，也是税务机关计算和征收税款的一个直接依据，更是税务稽查的重要依据。因此，发票管理是我国税收征收管理工作的一个重要方面。

（一）发票的领购及使用流程

发票的领购及使用流程如图4-6所示。

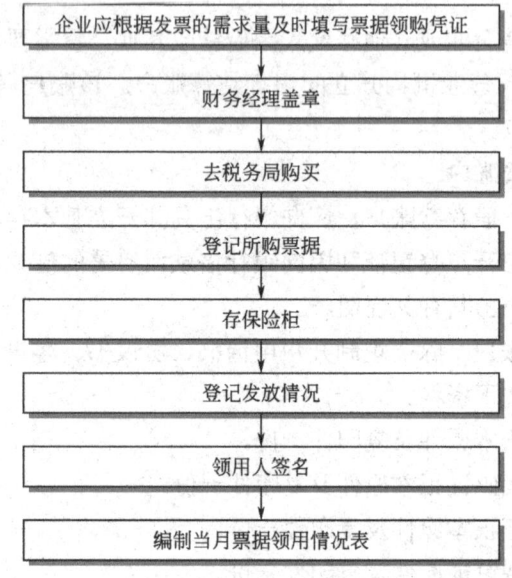

图4-6　发票的领购及使用流程

（二）新办企业发票的申领

领取税务登记证件后，企业便可以向主管税务机关申请领购发票。

发票管理部门会根据纳税人的经营范围、经营规模，审核确认纳税人使用发票的种类，并填写"纳税人使用发票种类认定表"，经纳税人签字认可后，由发票管理部门留存，并核对发票领购簿（卡），同时将纳税人领购发票的相关信息录入计算机。

发票的发售数量依据纳税人的经营规模、开票频率和纳税人申报的诚实程度综合确定；根据有关规定：主管地税机关在新办纳税人初次领购发票时，一般采取就低原则，定额专用发票可按一个月用量发售，其他发票一般先发售一本或者一卷。税收管理员在新办纳税人初次领购发票后3日内对纳税人的生产经营场所现场查验并进行复核，同时填写"发票核准种类、数量复核认定表"。再次领购发票时，纳税人应执"发票核准种类、数量复核认定表"向发票发售窗口申请领购发票。

1. 初次领购普通发票

纳税人初次领购发票时，需到办税服务厅办理购票手续，按照要求提供下列资料、证件。

（1）《税务登记证》（副本）。

（2）《普通发票领购簿》。

（3）经办人身份证明（居民身份证、护照或其他证明其身份的证件）。

（4）财务专用章或发票专用章。

（5）填写"纳税人领购发票票种核定申请表"。

2.初次申请领购专用发票

增值税一般纳税人初次申请领购专用发票时，应提供以下证件、资料。

（1）《税务登记证》（副本）。

（2）防伪税控IC卡。

（3）经办人身份证明（居民身份证、护照）。

第五章

人员组织与管理

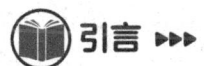

　　企业人员组织与管理是把企业人员组织起来，完成企业的任务，实现企业的目标。企业人员配备与企业组织的设计，是整个管理活动的基础，是一项十分重要的管理工作。同时，人员的招聘与培训也是配备人员并使之工作效率达到最佳的途径。

第一节 公司的人员构成

公司的人员通常由以下几部分构成。
（1）老板。
（2）合伙人。
（3）员工。
（4）顾问。

一、老板

老板是企业的灵魂与核心（见图5-1）。

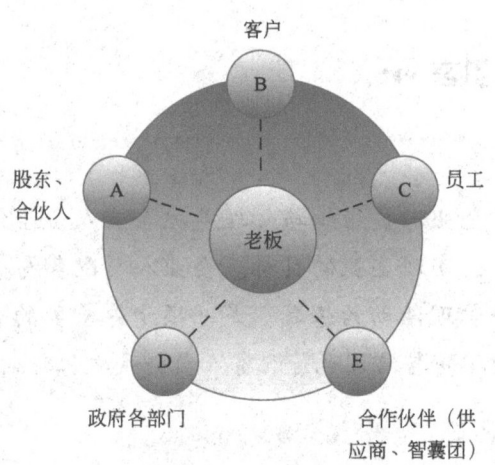

图5-1 老板是企业的灵魂与核心

（一）老板的职责

（1）开发创意，制订目标和行动计划。
（2）组织和调动员工实施行动计划。
（3）确保企业达到预期的目标。

（二）老板的能力

1. 用人（经营管理）能力

老板需具备一种重要能力，即用人（经营管理）能力。老板需耐心地发现、指导、授权他人来完成更多的工作，用他人的时间来倍增你的时间，这才是老板最应该做的事情,而不是你亲自去干各种具体工作。

2.强化经营理念

(1)经营好自己。

(2)经营好家庭。

(3)经营好顾客。

(4)经营好员工。

(5)制订企业计划。

(6)自己的经营能力。

(7)明确自己要做的工作。

(8)哪些工作自己既无时间又无能力去做。

(9)是否要聘任一些员工,要求是什么?

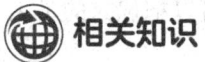 相关知识 ▶▶▶

老板类型

工匠型:把大量时间花在制造产品(服务)上,在管理上花的时间少。

英雄型:由于雇员管理水平低,老板担当着全能冠军的角色。

干预型:招聘了人才,但又不放手让下属进行日常管理,充当指导管理的角色。

策略家:把约1/3的时间用于日常管理,其余时间用来激励、发展队伍及考虑企业的发展战略。

二、企业合伙人

(一)为什么要找合伙人

找合伙人共同经营企业,一般是因为有以下几方面需求。

(1)缺少资金。

(2)缺少技术或技能。

(3)没有销售能力或渠道。

(4)缺乏管理能力。

(5)分担风险等。

(二)合伙的优势和劣势

合伙的优势和劣势见表5-1。

表 5-1　合伙的优势和劣势

优势	劣势
（1）资金增大	（1）利益分割
（2）分工合作技能互补	（2）意见不统一延误决策时机
（3）增强信心并分担责任	（3）合伙人破产，债主有权取得合伙企业中的份额

（三）怎样慎重选择合作伙伴

（1）了解人品。不是一路人，不进一家门。

（2）他和你在一起至少工作过1年。若不了解合伙人的人品和个性，当经营出现亏损时，可能会产生相互埋怨、纠纷。

（3）他必须是个实在而且能踏实干事、有责任心的人。你可以把优秀的员工变成合伙人。

（4）他考虑得更多的是大局和共同的利益，而决非他个人利益。不具备那种能损害企业利益的劣根性。

（5）要性格互补、能力互补、财力互补。

（四）企业合伙人如何相处

（1）设置合理的股权结构。

（2）相互之间一定要透明、诚恳，己所不欲勿施于人。

（3）先小人，后君子。亲兄弟，明算账，凡事勤立规矩。按照商业法则处事。

（4）签订书面协议，分工明确。

（5）合作犹如谈恋爱，宽容其短，欣赏其长。

三、员工

（一）怎样考虑招聘员工

你自己没有时间和能力把全部工作做完，所以需要招聘员工。那么招聘员工时要考虑哪些问题呢？

（1）参照你的企业构想，把该做的工作列出来。

（2）明确哪些工作需要哪些人做，以岗定人。

（3）详细说明雇人所需技能和其他要求，编写岗位说明书。

（4）决定完成每项工作所需的人数，以量定人。

(二) 如何造就好员工

好员工是资产,他能为你赚钱创造财富。真正优秀的员工是免费的。

$$员工成本 = 员工的收入 - 员工的绩效$$

一个员工在成为优秀员工之前,也需要你持续的投入:时间、精力、金钱、还有爱。

第二节　公司的组织架构

一、建立组织架构的好处

企业为了满足顾客的需求,由一群人来提供其相关服务。而这一群人的工作,不但不能有所遗漏或重叠,更须注重工作效率,以达到最佳的服务与营运的目标。所以对这一群人要事先做适当的安排是必要的,这就是组织。

(一) 组织架构图的作用

组织架构图的作用有如图5-2所示的几个。

作用一	(1) 可以显示其职能的划分 (2) 让员工非常清晰地看出自己的上升空间,从而达到激励员工的作用
作用二	(1) 可以看出有没有被不胜任该项工作的人担任的重要职位 (2) 做到"职对位",使人力资源发挥最大的作用
作用三	(1) 可以看出该人员的工作负荷是否过重 (2) 多大的工作量需要几个人来作,做到工作的量化管理
作用四	(1) 可以看出是否有无关人员承担几种较松散,无关系的工作 (2) 让工作效率最大化
作用五	(1) 可以看出是否有让有才干的人没有发挥出来的情形 (2) 让人力资源发挥是大的作用

图5-2　组织架构图的作用

(二) 员工可以了解的好处

透过组织的功能,员工可以了解以下几点。

(1) 各人自身的工作权责及与同事工作的相互关系,权责划分。

(2) 公司中对上司、对下属的关系，应遵循何人的指挥，须向谁报告。

(3) 员工升迁渠道，建立自己的事业目标。由此，帮助团队的建立，发挥最大的团队效益。

二、如何建立组织架构

组织架构图并不是一个固定的格式，关键是要考虑是否符合公司发展战略的需要，组织架构的功能是为了实现战略效果而将相关工作进行划分，因此要根据企业具体情况制订具体的个性组织架构图。

企业要根据具体情况（如部门的划分、部门人员职能的划分）制订具体的、整体的、个性的组织架构图，各个部门也要制订部门的、具体的、细分的组织架构图。

企业组织结构的主要类型有以下几种。

（一）直线制

直线制是企业发展初期一种最简单的组织结构，如图5-3所示。

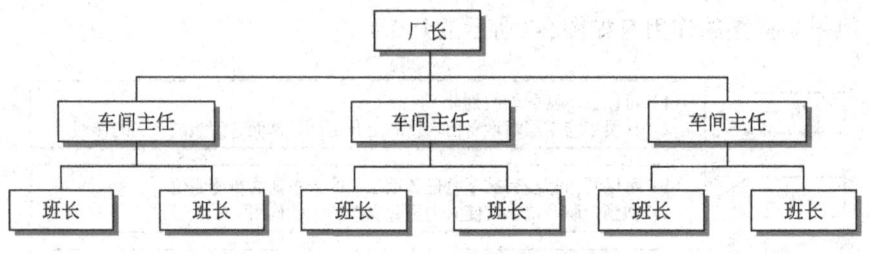

图5-3 直线制组织结构图

(1) 特点。领导的职能都由企业各级主管一人执行，上下级权责关系呈一条直线。下属单位只接受一个上级的指令。

(2) 优点。结构简化，权力集中，命令统一，决策迅速，责任明确。

(3) 缺点。没有职能机构和职能人员当领导的助手。在规模较大、管理比较复杂的企业中，主管人员难以具备足够的知识和精力来胜任全面的管理，因而不能适应日益复杂的管理需要。

这种组织结构形式适合于产销单一、工艺简单的小型企业。

（二）职能制

职能制组织结构与直线制恰恰相反。它的组织结构如图5-4所示。

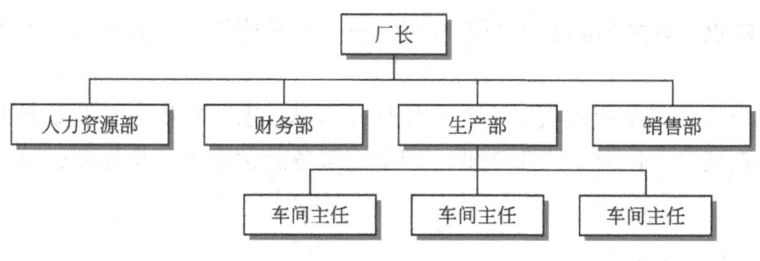

图5-4 职能制组织结构图

（1）特点。企业内部各个管理层次都设职能机构，并由许多通晓各种业务的专业人员 组成。各职能机构在自己的业务范围内有权向下级发布命令，下级都要服从各职能部门的指挥。

（2）优点。不同的管理职能部门行使不同的管理职权，管理分工细化，从而能大大提高管理的专业化程度，能够适应日益复杂的管理需要。

（3）缺点。政出多门，多头领导，管理混乱，协调困难，导致下属无所适从；上层领导与基层脱节，信息不畅。

（三）直线职能制

直线职能制吸收了以上两种组织结构的长处而弥补了它们的不足，如图5-5所示。

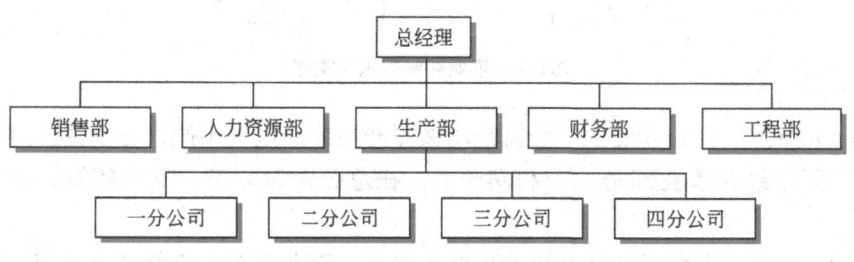

图5-5 直线职能式组织结构图

（1）特点。企业的全部机构和人员可以分为两类：一类是直线机构和人员；另一类是职能机构和人员。直线机构和人员在自己的职责范围内有一定的决策权，对下属有指挥和命令的权力，对自己部门的工作要负全面责任；而职能机构和人员，则是直线指挥人员的参谋，对直线部门下级没有指挥和命令的权力，只能提供建议和在业务上进行指导。

（2）优点。各级直线领导人员都有相应的职能机构和人员作为参谋和助手，因此能够对本部门进行有效的指挥，以适应现代企业管理比较复杂和细致的特点；而且每一级又都是由直线领导人员统一指挥，满足了企业组织的统一领导原则。

（3）缺点。职能机构和人员的权利、责任究竟应该占多大比例，管理者不易把握。

直线职能制在企业规模较小、产品品种简单、工艺较稳定又联系紧密的情况下，优点较突出；但对于大型企业，产生或服务品种繁多、市场变幻莫测，就不适应了。

（四）事业部制

事业部制是目前国外大型企业通常采用的一种组织结构。它的组织结构如图5-6所示。

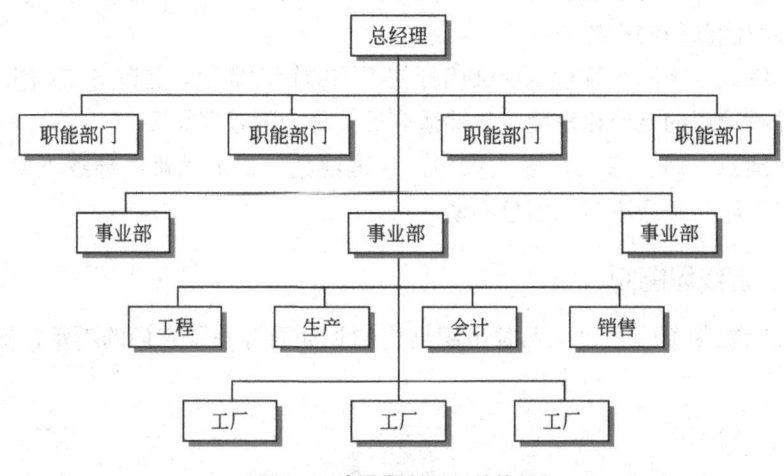

图5-6 事业部制组织结构图

（1）特点。将企业的生产经营活动按照产品或地区的不同，分别建立经营事业部。每个经营事业部是一个利润中心，在总公司领导下，独立核算、自负盈亏。

（2）优点。有利于调动各事业部的积极性，事业部有一定经营自主权，可以较快地对市场做出反应，一定程度上增强了适应性和竞争力；同一产品或同一地区的产品开发、制造、销售等一条龙业务属于同一主管，便于综合协调，也有利于培养有整体领导能力的高级人才；公司最高管理层可以从日常事务中摆脱出来，集中精力研究重大战略问题。

（3）缺点。各事业部容易产生本位主义和短期行为；资源的相互调剂会与既得利益发生矛盾；人员调动、技术及管理方法的交流会遇到阻力；企业和各事业部都设置职能机构，机构容易重叠，且费用增大。

事业部制适用于企业规模较大、产品种类较多、各种产品之间的工艺差别较大、市场变化较快及要求适应性强的大型联合企业。

（五）矩阵制

矩阵制企业组织结构如图5-7所示。

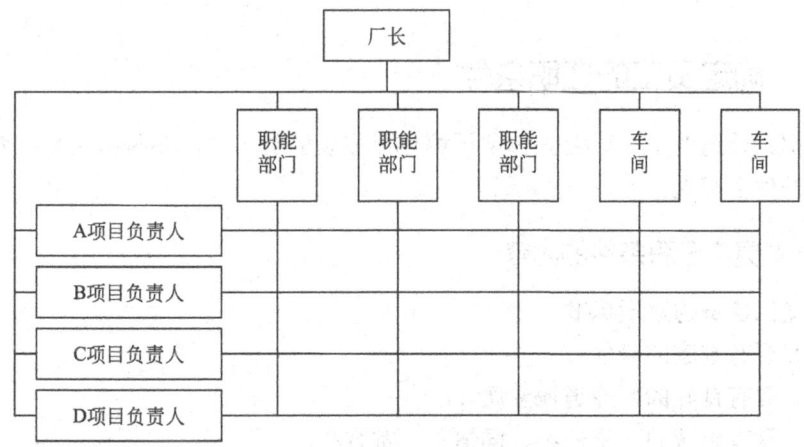

图5-7 矩阵制组织结构图

（1）特点。既有按照管理职能设置的纵向组织系统，又有按照规划目标（产品、工程项目）划分的横向组织系统，两者结合，形成一个矩阵。横向系统的项目组所需工作人员从各职能部门抽调，这些人既接受本职能部门的领导，又接受项目组的领导，一旦某一项目完成，该项目组就撤销，人员仍回到原职能部门。

（2）优点。加强了各职能部门间的横向联系，便于集中各类专门人才加速完成某一特定项目，有利于提高成员的积极性。在矩阵制组织结构内，每个人都有更多机会学习新的知识和技能，因此有利于个人发展。

（3）缺点。由于实行项目和职能部门双重领导，当两者意见不一致时令人无所适从；工作发生差错也不容易分清责任；人员是临时抽调的，稳定性较差；成员容易产生临时观念，影响正常工作。

矩阵制适用于设计、研制等创新型企业，如军工、航空航天工业的企业。

三、确定员工的岗位与职责

西方人管理的精髓——建立"游戏规则"。企业一定要建立制度，制度比你会说话，要靠制度管人。最常见的一种制度——岗位责任制。当你确定了你需要的员工人数后，要将每个员工从事的工作内容和职责写出来。

（1）以便明确让员工知道企业需要他们做什么。

（2）为你评价员工的表现确立标准。

第三节 员工招聘

一、确定员工的任职条件

要招到合适的员工,首先你要了解你所需要的员工要具备哪些条件,然后依据这些条件去招人。

(一)员工任职条件的内容

1. 员工自身的素质标准

(1)要有健康的身体。
(2)要有良好的职业道德素质。
(3)具有忠诚心、责任心、同情心、宽容心。
(4)要有良好的沟通、协调能力。
(5)要有团队合作意识和适应环境能力。

2. 员工的技能标准

要有较强的专业技能(一专多能),也就是要具备能够胜任工作的能力。

特别提示 ▶▶▶

不是找最优秀的员工,而是找最合适的员工。

(二)员工素质中的注意事项

在招聘中应注意员工的基本素质要求:要有服务精神、工作态度良好及渴望工作、身体健康、无传染病和生理缺陷,并且有团队精神、能服从管理、有本行业从业经验、具有学习能力者更好。

在招工时,多招熟练工人。除了可以快速进入工作状态令公司迅速走上正轨之外,还能顺带培训其他的新手。

二、人员招聘渠道

目前企业对外招聘方式主要有以下几种方式。
(1)店面张贴招聘海报。
(2)在媒体上发布招聘信息。

三、人员招聘实施

（一）写招工启事

招工启事一定要说明用工政策，其中包括了工资待遇、食宿、休假等日常问题。这里，将给出一个汽车美容店的招工模版供大家参考。

招工启事

急招：汽车美容洗车工_____名（男女不限）

待遇工资：_____元，加提成，奖励（_____元以上）

包吃包住，食三餐，每人每天标准伙食_____元

住宿：集体宿舍（电视空调房）

工作时间：8：30～18：30，每月工作26天

试工期间：3天

工作地点：××市××区

联系电话：××××××××（8：30～18：30）

（二）人员面试

应聘者通常需填写"面试人员登记表"。当你面试员工时，不仅要看他们的技能，还要看他们的态度，你可以采取下列方法提问应聘人员。

（1）你原来在哪里工作，具体做什么工作？

（2）你为什么想来本企业工作？

（3）你希望得到什么职位？

（4）你认为你有哪些长处和弱点？

（5）你怎么支配业余时间？有什么兴趣爱好？

（6）你喜欢和别人在一起工作吗？当有人对你态度不好时，你会怎么反应？

（三）录用报到

如有录用意向，应电话通知应聘者，确定报到日期，通知的内容应包括：录用职位、工资标准和报到时应带身份证明及当地法规要求的其他证明。

（四）签订合同

新员工报到后，应及时为员工办理入职登记和签订劳动合同。

（五）新员工的试用期

新员工有1～3个月的试用期。通常管理人员和接待员试用期3个月，普工试用期一个月，技术岗位员工试用期可视人员技能情况决定。

四、员工配对组合

配对组合也就是说员工生手和熟手搭配。比如说你招收了10个人，其中生手和熟手员工各有5人，那么就应该安排一个熟手带一个生手，不用一个星期，生手就能很快地上手并独立工作了。你可以通过观察生手的独立操作水平，就可以看得出什么人是真正用功去学习了，什么人是混日子的。如果发现有偷懒者，第一时间就应该给出警告，如果想留下干活的，就必须用功去学、主动去干，否则就得离开。

第四节　员工培训

一、员工培训的内容

（一）应知应会的知识

主要是员工要了解企业的发展战略、企业愿景、规章制度、企业文化、市场前景及竞争；员工的岗位职责及本职工作基础知识和技能；如何节约成本，控制支出，提高效益；如何处理工作中发生的一切问题，特别是安全问题和品质事故等。

（二）专业技能培训

技能是指为满足工作需要必备的能力，而技巧是要通过不断的练习才能得到的，熟能生巧，像打字，越练越有技巧。企业高层干部必须具备的技能是战略目标的制订与实施，领导力方面的训练；企业中层干部的管理技能是目标管理、时间管理、有效沟通、计划实施、团队合作、品质管理、营销管理等，也就是执行力的训练，基层员工是按计划、按流程、按标准等操作实施，完成任务必备能力的训练。

（三）服务教育

所谓的服务教育是以掌握顾客内心活动作为教育的中心，但在实施中若总是重复同样的内容，对员工就不会有任何意义。

因此，如果能将技术培训和服务教育同时进行，即在待客服务中有技术，在技术中展现服务，才能提高实际的效果。教育培训并不是以教育为目的，归根结底是为了开发员工的潜力，提高他们的服务水准，从而获得顾客的好评。

（四）态度培训

态度决定一切！没有良好的态度，即使能力好也没有用。员工的态度决定其敬业精神、团队合作、人际关系和个人职业生涯发展，能不能建立正确的人生观和价值观，塑造职业化精神。

二、员工培训的方法

对毫无营销经验的工作人员则在教育场所实施教育，进行角色扮演、实地教学、示范、当面指导等。而对有经验的人员则是从工作的实际业务中学习，即在工作中培养实践经验。前者须依照规定的课程表实施，还必须聘请外界的顾问、讲师等来指导。当这种训练结束后，还必须实施后一种培训。

（一）讲授法

讲授法是应用最广泛的培训方法，其普及的主要原因在于经济而非效果。此法为单向沟通，受训人获得讨论的机会甚少，因此不易对讲师反馈，而讲师也无法顾及受训人的个别差异。总之，此法最适用于提供明确资料，并作为以后培训的基础。

（二）个别会议

个别会议法即双向沟通法，可使受训人有表示意见及交流思想、学说、经验的机会，且方便讲师鉴别受训人对于重要教材的了解程度，有时可针对某一专题讨论。由个别工作人员参加讨论的会议，其针对性强，可找出不同个体的不足，以便加以改正。

（三）小组讨论法

小组讨论法即由讲师或指定小组组长领导讨论，资料或实例由讲师提供。小组人数以少为宜，但可允许一部分人员旁听。此法适用于工作人员之间的经验交流，可提高营销效率。

（四）实例研究法

实例研究法是指选择有关实例。并用书画说明各种情况或问题，使受训人就其工作经验及所学原理，研究解决之道，目的在鼓励受训思考，并不在如何获得适当的解决方案。

（五）示范法

示范法是指运用幻灯片。影片或录像带的示范培训活动，此法只限中小型场地及人数，如果主题是经过选择的，且由具有经验及权威的机构来制作，则在提高受训者记忆效果方面是最强的。

三、员工培训计划

要分析员工的技能状况、服务状况，有目的、有计划地实施培训，因而要制订培训计划，如果是加盟店的话，还要上报连锁加盟公司的主管总经理和培训部审批。

四、员工培训的控制

为确保员工能积极地参加培训并产生培训效果，管理者可从以下几个方面进行控制。

（1）制订员工培训记录表。针对每个员工的状况进行分析，找出其弱项，有针对性地提供培训。

（2）对员工培训进行考核，并将考核结果纳入绩效奖金的范围。

（3）员工受训后要对员工进行现场的跟踪指导，有进步的及时表扬，做得不对的及时纠正。

（4）保存员工的培训记录。

（5）利用阴雨天或者业务不繁忙的时候开展培训。

这里，提供一个某汽车美容店的员工培训记录表模版供大家参考。

【实战范本】某汽车美容店的员工培训记录表 ▶▶▶

员工培训记录表

受训员工姓名：　　　　入职时间：　　　　职位：

过去在这四个方面工作表现：

1. 操作技术：

2. 服务态度：

3. 服务行为：

4. 推销技术：

培训与考核安排：

培训类别	培训项目	培训时间	指导人员签名	考核人签名
操作技术培训	洗车			
	洗车内			
	吸尘			
	去柏油			
	手工打蜡			
	……			
服务态度培训	精神状态			
	主动性			
	思想状态			
	……			
服务行为培训	微笑接待			
	现场速度			
	几位顾客在场的处理			
	礼貌用语			
	形象仪态			
	……			
推销技术培训	替代项目选择			
	替代项目表达			
	现场动作分解			
	价格的解释			
	竞争对手解释			
	本店优势表达			
	本店劣势回答			
	刁难顾客的处理			
	说服不了的顾客的处理			
	顾客异议的处理			
	……			

员工受训后要对员工的受训效果进行评价，并将评价结果填入"培训实施情况记录表"（见下表）。

培训实施情况记录表

培训名称			培训时间		
培训地点			培训教师		
培训主要内容					
考核方式					
序号	姓名	部门	职务	考核结果	备注
培训有效性评价:					
			评价人/日期:		

注：有效性评价可在培训一段时间后进行。

第五节　员工管理策略

一、制度化管理

家有家规，公司也要有公司的规定。制度定出来之前要考虑到实际的情况，定出来之后包括老板在内的人都要遵守，否则出现问题以后就很难处理了。

（一）员工手册

《员工手册》是企业规章制度、企业文化与企业战略的浓缩，是企业内的"法律法规"。是员工了解企业形象、认同企业文化的渠道，也是自己工作规范、行为规范的指南。员工手册通常由以下几部分组成。

1. 手册前言

对这份员工手册的目的和效力给予说明。

2. 公司简介

使每一位员工都对公司的过去、现状和文化有深入的了解。可以介绍公司的历史、宗旨、客户名单等。

3. 手册总则

手册总则一般包括礼仪守则、公共财产、办公室安全、员工档案管理、员工关系、客户关系、供应商关系等条款。这有助于保证员工按照公司认同的方式行事，从而达成员工和公司之间的彼此认同。

4. 培训开发

一般新员工上岗前均须参加公司统一组织的入职培训；以及公司不定期举行的各种培训提高业务素质以及专业技能。

5. 任职聘用

说明任职开始、试用期、员工评估、调任以及离职等相关事项。

6. 考核晋升

考核晋升一般分为试用转正考核、晋升考核、定期考核等。考核评估内容一般包括：指标完成情况、工作态度、工作能力、工作绩效、合作精神、服务意识、专业技能等。考核结果为：优秀、良好、合格、延长及辞退。

7. 员工薪酬

薪酬是员工最关心的问题之一。应对公司的薪酬结构、薪酬基准、薪资发放和业绩评估方法等给予详细的说明。

8. 员工福利

阐述公司的福利政策和为员工提供的福利项目。

9. 工作时间

使员工了解公司关于工作时间的规定，往往和费用相关。基本内容是：办公时间、出差政策、各种假期的详细规定已经相关的费用政策等。

10. 行政管理

行政管理多为约束性条款。例如，对办公用品和设备的管理、各人对自己工作区域的管理、奖惩、员工智力成果的版权声明等。

11. 安全守则

安全守则一般分为安全规则、火情处理、意外紧急事故处理等。

12. 手册附件

与以上各条款相关的或需要员工了解的其他文件，如财务制度、社会保险制度等。

下面提供一份某公司的员工手册，仅供参考。

【实战范本】某公司员工手册 ▶▶▶

某公司员工手册

一、公司简介

（略）。

二、公司文化

（略）。

三、公司组织架构

（略）。

四、员工职业道德

1. 所有员工应遵守本公司的一切规章制度、通知要求。
2. 忠于职守、服从领导、努力工作，不得阳奉阴违或敷衍塞责的行为。
3. 珍惜公司荣誉，涉及公司的个人意见，与公司决定相违背的，未经上级许可不得对外发表。
4. 除经公司批准，不得经营与本公司主营类似或有关的业务，不得在其他公司兼任职务。
5. 不得泄露业务或职务上的机密，不得凭借职权贪污、受贿、徇私舞弊，不得以公司名义在外招摇撞骗。
6. 员工应保持作业地点、更衣室、办公室、宿舍环境的整洁卫生。
7. 全体员工必须不断提高自己的工作技能和业务水平。
8. 要有高度的责任感，严格要求自己，高质量地完成本职工作。
9. 管理人员必须以身作则，团结员工创造性地完成部门工作。

五、聘用制度

（一）员工档案与招工手续

员工应在报到当日将与原单位解除劳动关系的相关证明交给人力资源部，并在试用期内将劳动手册以及其他有关保险资料等相关文件上交人力资源部。

（二）劳动合同

劳动合同是公司与员工明确聘用关系的法律证明，本公司员工一律实行劳动合同制，合同期限为1～2年期，劳动合同只有在公司与员工双方共同签署后方能正式生效，劳动合同一式两份，双方各执一份。

（三）试用期

员工试用期为3个月，试用期自员工报到之日起开始计算。总部或门店行政人员在员工试用期结束前两周，下发人员变动表，工作表现合格者将转为正式员工，工作表现不合格者根据员工个人工作态度及发展潜力，或提供调换工作岗位的机会或予以辞退。对于在试用期内工作表现突出的员工，各直属主管可在员工试用期内向上一级主管部门提出其提前转正的报告。对于经公司正式录用的员工，因个人原因不能办理用工手续转移的，应自行承担相应责任。

（四）商业保密及竞业限制协议

商业保密及竞业限制协议是公司与已经（可能）知悉公司重要商业秘密或对公司竞争优势具有重要影响的员工签订的，用以保护双方合法权益的协议。并作为劳动合同的补充，具有同等法律效力。

（五）员工离职

1.辞职

试用期内员工辞职须提前7天书面通知公司，正式员工在合同期内辞职须提前30天以书面通知公司或以1个月的工资代替之。

2.辞退

试用期内员工被公司辞退将提前7天被告知；通过试用期的员工在合同期内被公司辞退将提前30天被告知；员工有下列情形时会导致立即解聘，并且无赔偿金。

（1）严重违反劳动纪律或规章制度的。

（2）严重失职，营私舞弊，对甲方利益造成重大损害的。

（3）被司法机关依法追究刑事责任、劳动教养、治安拘留、行政拘留或强制戒毒的。

（4）隐瞒身体疾病的。

（5）伪造学历、职称及其他有关证件的。

（6）有侵占、挪用、受贿、盗窃、赌博、嫖娼、吸毒等不良行为的。

（7）工作责任心差、劳动纪律松懈、扰乱公司正常工作秩序的。

（8）工作失职、违反公司保密制度、营私舞弊、对甲方利益造成损害的。

（9）其他违反法律法规，或损害公司利益的行为。

辞职程序	解聘程序
1.员工填写离职申请表	1.解聘报告（部门负责人采用行政签呈格式上报）
2.相关部门主管与员工或人力资源部经理与员工离职面谈	2.商讨/审批（有关负责人同人力资源部经理）
3.各级主管审批	3.最终签批解聘报告（董事长或总经理）
4.移交工作并返还公司物品（员工/相关部门）	4.人力资源部下发"解除聘用关系通知书"
5.计算薪资（人力资源部/财务）	5.员工填写离职申请表，移交工作并返还公司物品（员工/相关部门）。各级主管核签批
6.（员工）离职	6.计算薪资（人力资源部/财务）
7.办理退工手续，发给薪资（次月15日）	7.（员工）离职
	8.办理退工手续，发给薪资（次月15日）

六、考勤

（一）工作时间

工作日：星期一至星期五

工作时间：每天工作时间8小时

全天：9：00～18：00（含1小时就餐）

休息日：星期六、星期日

精品部、工程部、保安部根据工作性质采用轮班制、工时制、计件制部门制订相应工作时间，并报人力资源部备案，人力资源部以此作为考勤依据。

（二）考勤

1.经理级（含副经理）以上必须提前10分钟到岗，并以此为考勤。

2.员工不得无故迟到、早退，每月迟到、早退3次以上且累计30分钟以上40分钟以下或单次迟到30分钟以上40分钟以下，给予通报批评并罚款50元。

3.单次迟到、早退40分钟以上时，未履行请假手续者为旷工。旷工1次（4小时含以内）扣除当日个人综合薪资，旷工1天（4小时以上）扣发当日个人综合薪资的2倍，旷工2天扣发当日个人综合薪资的3倍，依此类推。旷工两天以上者，并予以开除处分。

4.员工考勤不允许委托他人代打卡或代替他人打卡（包括代签到或签退），如发现替代行为，替代人和被替代人均按旷工1天处理。

5.上班时间，员工需外出的，应经部门经理同意，不得私自外出，如发现员工私自外出，视为旷工。原则上每天应进公司报到后再安排外出，下班时也应回公司，如由特殊情况早上需直接外出的，应提前一天提出申请，填具"外出单"（员工由经理签字认可，经理由总经理签字认可，总经理不在岗时，交人力资源部经理向总经理确认后认可），并交到人力资源部。"外出单"不得补签，如下午外出后不能回公司的，也应在外出前（最迟于第二天上午）填具"外出单"（审批同上）报人力资源部。

七、薪酬

（一）薪酬原则

1.以具有竞争力的薪酬和福利吸引人才，量才录用，并给予适当奖励，从而使公司拥有行业内最优秀的员工队伍。

2.员工薪资参照市场薪资水平社会劳动力供需状况、公司的经营业绩、员工自身的能力、所担任的工作岗位及员工工作绩效等几方面因素确定。

3.公司将根据员工个人的表现和业绩来确定和调整其工资待遇，工资实行动态管理，薪资能升能降。

4.公司实行两种薪金分配形式：月薪、年薪。

（二）薪酬结构及说明

1.基本工资

基本工资是指用来维持员工基本生活的那部分工资。以符合国家各城市劳动生产力基本标准核发。

2. 岗位工资

岗位工资是指根据员工的岗位重要度、个人资质、并按管理阶层及基层员工标准，确定员工的岗位工资水平。此为所有员工在公司某个岗位上所负担的工作职责及因此产生的岗位效应，公司对此支付给员工的报酬。

3. 各项津贴补助

餐费补贴：此项补贴不列入金额补助范围，由公司提供免费午餐。

法定福利：根据国家政策，为公司和所属分支机构的正式员工，且与公司签订劳动合同的员工办理法定社会保险。

特殊津贴：特殊岗位或有特殊贡献时，依公司董事长特别审批为准。

4. 绩效工资

根据公司实际效益、各岗位工作性质，工作表现而设立绩效奖励工资，或月或季度或年度考核发放，达到基本标准，发给达标工资，超过基本标准，发给奖励工资。

（三）工资定级

1. 新员工的岗位由人力资源部与用人部门共同商议确定，其薪资则根据岗位并参照公司工薪标准确定。

2. 门店主管向人力资源部提供"人员变动表"。

3. 基本工资、岗位工资、各项津贴补助人力资源部按"人员变动表"上注明的员工干部行政级别、岗位级别设定。

（四）工资支付

公司在每月15日将员工工资直接存进指定银行的员工个人账户，当工资支付为星期日或法定假日时，公司通常提前一个工作日将工资存进员工的账户。

（五）薪酬调整

1. 特别调整：根据实际情况，由各部门主管提议，可以随时对部分转正满3个月以上的优秀员工的薪酬做出调整建议，经总经理和董事长批示后生效。

2. 公司根据实际整体经济效益增长幅度，适时向董事会提出薪资总额调整方案，审议批准后，由人力资源部编制具体调薪方案，呈报总公司总经理核实后，再报董事会审议批后执行。

八、福利

（一）定义

正式员工——自试用期满起，即成为公司正式员工。

（二）福利的终止

如遇下列所述的情况，福利事项即自动终止：

1.公司此福利计划终止。

2.员工停职或离职。

（三）申请程序

员工在申请相关福利时，应填写相关表格，并同时附上相关证明文件，交至人力资源部审批。

（四）社会保险

凡公司员工，依《中华人民共和国劳动保险条例》及当地有关规定，办理相关福利事项，并向有关机关缴付应付的保险费。其费用依劳动部门规定，由公司与员工共同负担。所有负担比例的调整，依政府相关单位发布的法令法规或要求办理。目前，社会保险可包括养老、失业、工伤、生育、医疗保险。缴纳比例的规定，公司具体参照当地政策实施。

（五）结婚贺礼

正式员工在职期间结婚，可享受人民币2000元的结婚贺礼。员工应在结婚后3个月内凭结婚证书复印件向人力资源部申请该项福利。

（六）生育贺礼

正式员工在职期间生育，可享受人民币1000元的生育贺礼。员工应在生育后6个月内凭子女出生证书复印件向人力资源部申请该项福利。

（七）休假福利

1.休假福利总则

公司制订带薪休假福利制度的目的是为了让员工有时间安排工作以外的个人生活，调节工作与生活关系。

主要假期有：员工年假、公众假期、婚假、病假、产假/陪产假/流产假/产检假/计划生育假、丧假。

员工在请假时，需填写"请假申请单"，选择相应的休假方式，经主管批准后，方可休假。

2.员工年假

（1）员工正式入职后，可享受年假福利。年假的计算是以员工在我公司工作年资为基础，按日历日计算。年假的计算期限是：自每年1月1日起至12月31日止。

服务年期	年假（工作日）
自入职起至10年（含）以下	5
满10年至20年（含）以下	10
满20年以上	15

（2）凡正式员工工作年资不足1年者，其第1年的年假天数依其实际服务天数除以全年工作日天数所得比例乘以5天计算。

（3）试用期间员工不享受年假。

（4）当年度的年假未休完者，不可递延至下1年度，应在本年度内休完，否则视为自动放弃。公司对员工所放弃的年假不作任何形式的补偿。

（5）员工休年假必须预先提交申请，以便于主管依工作量作出适当调派。申请年假五天（含）以下的，经部门主管审核，由公司总经理签核同意。

（6）员工申请辞职时，如有年假还未休完，可以折算薪资发放。

3. 公众假期

公司所有全职员工均享有以下的公众假期。具体放假安排按当地政府公布的休假规定办理。

公众假日	天数
元旦	1
春节	3
三八妇女节	0.5（限女性员工）
清明节	1
五一劳动节	1
端午节	1
中秋节	1
国庆节	3

4. 婚假

进入公司试用期满后结婚者，可享有婚假福利。婚假必须在注册登记日期后6个月内休完，否则视为自动放弃。

员工申请婚假时，应提前一个月提出，获部门主管批准并将结婚证书复印件供人力资源部存档。

5. 病假

病假工资的计算按照国家有关规定执行。

员工如有身体不适，不能按时到岗上班者必须于当日上午10：00前通知单位主管，否则以旷工论处。若部门主管认为有必要，可在征得人力资源部经理同意的情况下，要求员工每次请病假均出示医院签发的诊断证明及病假单。员工病假后复工时，须补办请假手续，填写"请假申请单"。

凡请病假两天（含）以上，须提供区级或区级以上医院签发的诊断证明书，并通知部门主管。

6. 产假/陪产假/流产假/产检假/计划生育假

所有遵守国家计划生育政策的女性员工,依照当地有关规定,可享受以下假期。

条件	假期天数(日历日)
生育即可享受	90天
领取独生子女证后可以享受的产假	35天
属晚育年龄(满24周岁)产假	15天
因难产而剖腹者	30天
吸引产或钳产或臀位牵引产	10天
多胞胎每多生育一个婴儿,增加产假15天	15天

(1)产假/陪产假

所有女性员工均享有带薪分娩假期。具体假期天数员工应提供相关文件交人力资源部审核决定,并存档。

以上假期均以日历日计算。

怀孕的女性员工须于得知怀孕后3个月内通知人力资源部,以便公司办理有关申报手续。

男性员工于配偶生育前在公司服务满6个月者,可享受3天陪产假,员工应出具相关证明交人力资源部,方可享有带薪陪产假。

(2)流产假

通过本公司试用期的女性员工,怀孕不满4个月自然流产者,可享有14天带薪流产假。

怀孕满4个月或以上自然流产者,可享有42天带薪流产假。

(3)产检假

符合国家计划生育要求的已婚育龄女员工,在怀孕期满6个月开始可享受不超过十次的产检假期,每次半天。

如特殊情况需增加产检次数的,凭医院证明,可享受病假待遇。

7. 丧假

依下列规定,通知部门主管及人力资源部,公司全职员工可享有带薪丧假,并可获奠仪金人民币500元,凭死亡证明复印件向人力资源部申请。

丧假	天数(工作日)
员工的父母、养父母、继父母、配偶、祖父母、外祖父母、子女、配偶的父母、祖父母、外祖父母、养父母、继父母	3天

（八）员工体检

公司每年为员工提供一次体检福利，内容包括身高体重基本检查、胸透、腹部B超、心电图、肝功能、乙肝两对半、基本妇检等。具体价格按当地区一级以上医院的收费标准办理。

九、日常加班及调休管理

（一）加班职级划分

主管级（含）以上员工实行岗位目标责任制，须主动完成自身工作，不计延时加班工资，其他员工也须积极主动完成本职工作，如果确因工作需要必须加班的，公司将安排调休，不能调休的，根据国家规定及公司营运情况支付加班费。

（二）加班申请手续

（1）员工加班，需在加班前一天，填写"加班申请表"，由其部门经理审批，并经人力资源部审核后存档，未经批准或自行安排的加班不计。

（2）特殊情况：特殊或紧急情况处置需加班时，须于事后48小时内补充有关手续，并说明加班原因。逢节假日顺延，过时不予认可。

（3）加班打卡：无论是工作日或节假日加班，加班起始和结束时间员工均应如实打卡，记录加班时间，否则视为无效。加班时间一对一换算成等值调休时间（即平时及双休日加班），法定假日按一对三换算调休时间。

（4）考勤卡与加班单相符，才能计算加班。休息、娱乐、就餐时间不计入加班时间。延时工作不足1小时的，不计加班。员工加班和调休时间的统计每月进行1次，相抵之后的时间结转至下月。

（三）调休

（1）凡调休的员工均应填写"调休兑换单"，并经部门经理和人力资源部审批同意。

（2）调休时间应提前2天提出申请，调休时间以半天为最小单位。

（3）连续调休2天（含2天），由部门经理及人力资源部审批，2天以上须经总经理签字同意。

（4）人力资源部根据公司工作安排对调休申请有权否决，增减、重排调休人的调休时间。春节、黄金周当月使用"调休兑换单"不得超过2天。

（5）调休时间须在加班时间之后半年内有效，部门经理对调休必须做到合理安排，可硬性安排下级员工调休。调休单过期一律不得使用。

（6）经理级别无加班调休，每月可享有一天有薪假，该假不可累计，当月有效。须事前经总经理批准同意。

（7）对于有薪假期未能休假的，以调休为主，不再补发工资。

十、培训与发展

为了培养和保持一支业内优秀的员工队伍,以保证公司经营发展目标的实现,公司要求每一位员工每年至少接受40小时与岗位工作有关的培训。

(一)新员工入职培训

在新员工刚加入公司的时候,人力资源部将组织新员工参加入职培训。培训简要介绍公司的历史、文化、政策、产品知识、组织结构及设施等方面的内容,以便员工尽快熟悉公司的规章制度、企业文化及设施环境。

(二)员工在职培训

人力资源部根据公司业务需要和各部门的工作需求,统筹安排公司员工的在职培训,以提高公司员工的整体素质和工作技能,鼓励员工不断自我完善和提高。

(三)培训服务期限要求

员工在接受公司安排的专业培训结束后,一般应在公司继续服务至少满1年;员工在接受公司安排的外出参加培训结束后,一般应在公司继续服务至少满3年。在此期间如离职,应按比例向公司做出费用补偿。(具体参见员工参加培训前签订的培训协议)

十一、员工关系

为了使员工能够更加有效地工作和交流信息,并且在员工与公司之间创造一种更加信任和相互理解的环境,公司将通过以下途径实现内部沟通。

(一)门店员工晨会

门店员工晨会每天举办一次,由门店全体员工参加,以帮助员工了解公司运营情况。

(二)沟通与交流

门店店长将每月直接与员工代表作面对面交谈,以了解和关心员工对公司政策、现状等正反两方面评价。同时,门店应将会议结果与总部相关部门沟通,以便及时有效地解决问题。

(三)布告栏

公司内设有多种布告栏用于向员工宣传介绍公司最新的规章制度、内部交流的各种信息以及员工息息相关的各项活动安排,便于员工及时地了解公司的最新消息。

(四)总经理信箱

公司内设有总经理信箱。它是为了鼓励员工积极参与公司的管理进而发展自己的潜能。员工在工作期间,在各方面若有任何不适应,或者对主管在带人、用人及功过奖惩方面,有想沟通、投诉或表扬的,可将之形成文字投入此信箱;如果对公司的各项政策、活动有宝贵意见,也可投入此信箱。如果员工的建议被证明是可行的并得到采纳,员工将受到公司的奖励。

(五)申诉程序

为了使员工的投诉尽快得到公平、合理的解决,公司鼓励员工按以下步骤与公司商讨任何与工作有关的问题。

门店:申诉人—直接主管—门店行政主管—门店总经理

总部:申诉人—部门经理—人力资源部经理—总经理—董事长

如果员工还要寻求申诉,可直接上呈公司总经理或董事长,公司总经理或董事长将审查整个事件的经过,与事件的主要参与者见面,了解必要的细节,随后做出最后决定。

十二、安全条例

(一)识别证

1.员工识别证

员工识别证用来识别××公司人员。工作时间,员工应将识别证(识别证应佩戴照片并保持干净、整洁)挂在胸前并妥善保存识别证,遗失者应付费重做。

2.访客签到

所有来公司的访客,必须由授权员工接待,清楚辨认其身份,并在"访客记录登记簿"上签名。访客在领取并佩戴"访客证"后,方可由公司员工陪同进入公司。未经公司事先许可,任何访客不得自行在公司巡视、勘察。当访客离开公司时,员工有责任将其送至公司前厅。

(二)物品进出公司许可证

员工必须有充分的工作理由并填写"货物出门放行条"申请表,由物品主管部门负责人、总部或门店行政人员负责人批准后方可携带公司设备、物品离开公司。保安部或前台接待人员应有出门放行单上必须签字的名单,其他人员签字一律不得放行,如有违反,当班保安应承担一切责任。

(三)保护公司专有信息

保护公司专有信息是每一个公司员工的职责,这是为了保护公司的竞争优势,也是为了保护我们自己。公司将其全部信息按照价值划分为三个等级。

1.公司高度机密专有信息

未经授权泄露此类信息将会带来重大损害性后果。涉及商业机密数据、新市场开发、某些财务及计划,或长期性战略计划等。

2.公司专有信息

未经授权泄露此类信息将会带来严重损害。涉及员工档案、某些财务和商业情报等。

3.仅供公司内部使用信息

未经授权泄露此类信息有可能带来损害。涉及电话簿、管理预算报告及培训材料等。

（四）消防须知

1.发现火情迅速报警，以最快速度拨通119，正确报出火警地点和火情，并报出自己的姓名。

2.当必须从公司建筑内紧急疏散时，将由楼内报警系统发出通知。届时须遵循以下规则：沿着最近的楼梯快步下到一层；在保卫人员或紧急救援人员的指引下，从大楼出口或紧急出口迅速离开并到指定地点集合；切记不要使用楼内电梯。

（五）环境与卫生

1.食品和饮料请勿带进工作场所，只能在指定场所食用。

2.下班前请整理好自己座位上的文件，将它们锁入文件柜。

3.请爱护自己使用的设备及其他办公设施。

4.与其他员工友好相处、礼貌待人。

5.避免浪费公司的财产或其他资源。

十三、奖惩条例

（一）奖惩条例

1.各门店每月可选出"当月销售、服务明星"，实行月度现金奖励并在当月工资中发放。总部及门店每年可选出"当年优秀员工"。以此作为全体员工学习的榜样，激励员工奋发向上、积极进取，并予以颁发"突出贡献奖"，以表彰员工对公司的贡献。

2.日常奖励

奖励方式：通报表扬、嘉奖、记功及记大功等。奖励事由如下。

（1）在工作上有突出成绩和表现，对公司作出重大贡献者。

（2）提出创新建议，并为公司带来明显效率或效益。

（3）因服务品质优秀受到顾客来信来函表扬者。

（4）防止、拯救事故有功。

（5）保护国家和公司财产免受损失。

（6）在事故中，保护员工生命安全。

（7）坚决抵制违法行为且事迹突出。

（8）主动承担职责范围外的工作。

（9）其他重大事迹而足以奖励。

对员工的奖励除书面表彰外，另给予一次性现金奖励，具体金额如下。

通报表扬：200～500元

嘉奖：300～600元

记功：600～800元

记大功：1000～10000元

（二）处罚制度

当员工违反行为准则或公司制度时，公司将根据情节轻重，给予通报批评、警告、严重警告、辞退、开除等形式的处罚。

1.通报批评（并根据情节，处以50元/次以上100元/次以下的经济罚款。对于销售部员工的以下行为，直接在每月140分考核分中扣1～5分）。

若员工存在违纪行为或不良业绩，公司将对其予通报批评。以下是一部分导致通报批评的行为。

部门	行为类别	行为表现
销售部	违反销售流程行为	1.不主动接待客户 2.带着情绪接待客户 3.接待客户未适时为客人倒水 4.无来者皆是客的雅量，不理睬供应商、媒体、总经理客人、员工家属的来访 5.对无明确需求顾客：未能做到相距3米，无打扰购物 6.冷落已经成交的客人 7.商品推荐：无耐心，表现厌倦情绪 8.对不成交的顾客即变脸色 9.商品成交后未询问客户、记录客户档案（老客户档案除外） ……
销售部	销售大厅日常行为	1.聚众闲聊 2.非客户接待需要占用接待设施（桌椅） 3.上班后还在化妆、更衣 4.上班时非用餐时间吃零食、看报纸杂志 5.上班时非休息时间打瞌睡 6.恶语中伤同事，影响团结 7.大厅内高声叫喊 8.引导客户不能明确地把客户引导到目的地（如卫生间、办公室、车间） 9.当天值班人员对接待设施不能做到及时清理，如桌面水杯、报纸杂物、烟灰缸 10.上下楼梯、通道不能以客为尊，让客先行、不能遵守右行原则 ……
销售部	售前服务	1.对咨询电话不询问、记录对方联系方式 2.对促销活动不及时了解，不具备解答客户咨询的能力 3.试用期后对商品知识一知半解，服务无专业性，不具备解答客户咨询的能力

续表

部门	行为类别	行为表现
销售部	售后服务	1.对已成交客户不能按回访制度进行有计划的回访 2.对出现质量问题的商品或服务采取推卸逃避责任的方式处理 3.隐瞒不报售后回访中出现的问题
销售部	陈列区及商品管理	1.所属管辖的货架或商品不整齐美观、脏乱差 2.责任陈列区价格不全 3.责任陈列区POP陈旧破损 4.新进商品不配合验收上架 5.已售商品不及时补货上架 6.不配合商品盘点
销售部	单据管理	不按财务制度进行销售单据、发票处理
销售部	客户分析	1.对每天成交、未成交客户没有有效记录 2.对每天成交、未成交客户不进行记录分析和销售改进 3.销售会议对阶段性销售工作无总结分析,开形式会议
销售部	团队合作	1.发生相互争吵行为,破坏工作气氛 2.恶意排斥新员工

注:POP,全称为Point of Purchase,意为卖点广告。

2.警告(并根据情节,处以100元/次以上500元/次以下的经济罚款)

若员工无法按照要求改进业绩或出现进一步的违纪行为,公司将视其情节轻重及其现阶段已受到的纪律处分来予以书面警告处分。以下是一部分可以导致警告处分的行为。

(1)违反公司安全操作条例且造成不良后果的。

(2)向上级反映不实情况或粉饰自己工作的缺失。

(3)利用公司的网络资源,登陆非法或不健康网站,影响公司正常数据传输或因违反计算机系统安全规范造成软硬件损失,数据大规模丢失或网络故障,给公司带来损失。

(4)工作态度不认真,违反岗位职责和工作程序,造成工作失误。

(5)收银员未将打印单给予顾客。

(6)对顾客的合理承诺拒不兑现引起纠纷的。

(7)工作失职,给公司造成一定损失。

(8)损害公司声誉。

(9)拒绝执行上司的合理指令。

(10)打听或向他人透露薪资者。

(11)工作时间酗酒。

（12）未经授权使用公司的器材和设备。
（13）故意损坏公司设备。
（14）提供虚假请假证明。
（15）未经上级领导准许接受供应商宴请。
（16）在公司内喧哗、扰乱秩序、吵架、不服纠正者。
（17）连续3次不参加公司重要活动。
（18）除上述行为外，员工违反公司各项规章制度且情节较重者；或员工无法按照要求改进业绩，公司将视其现阶段已受到的纪律处分，给予书面警告。

3.严重警告（并根据情节，处以500元/次以上2000元/次以下的经济罚款）

员工有下列情况之一者，予以严重警告。
（1）造谣生事。
（2）触犯公司规章制度、严重侵犯公司权益。
（3）损失/遗失公司重要物品、设备。
（4）没有及时阻止危害公司事件，任其发生。
（5）在公司内打架，从事不良活动。
（6）故意浪费公司财物或办事疏忽使公司受损者。
（7）在物料仓库或危险场所违背禁令，或吸烟引火者。
（8）调动逾期不移交者。

4.辞退、开除

对于违反公司行为准则情节严重者，公司将立即予以辞退开除，以下是一部分可以导致辞退、开除的行为。
（1）利用职权之便为其他雇主提供服务。
（2）不当占有公司、同事或顾客的财物。
（3）故意毁坏公司财物、破坏公司设备、制造工作障碍。
（4）无理取闹，威胁恐吓上级主管或其他员工，情节严重的。
（5）主管包庇职员舞弊、弄虚作假。相关主管、职员予以开除。
（6）利用职权向下级勒索好处或收受贿赂。
（7）伪造和涂改凭证，编制假单据、证明、报告或类似材料，套取公司钱财。
（8）从关系单位收取贿赂，假公济私，损害公司利益。
（9）对顾客或同事使用侵犯性、期辱性语言或动作，服务态度恶劣，与客户争吵，辱骂顾客，影响公司声誉予以开除。
（10）唆使劝诱其他员工违反公司规定，挑拨离间，煽动消极怠工，弄虚

作假，作伪证，陷害他人。

（11）旷工2次或1次旷工2天以上（试用期内，旷工1次）。

（12）代人打卡或让人代打卡发现两次以上。

（13）收银员故意放行未经结账商品。

（14）偷窃或参与偷窃公司商品或财物。

（15）玩忽职守，给公司利益造成严重损失。

（16）贪污、受贿或其他不轨行为而使公司的声誉、形象蒙受损失。

（17）有重大泄密行为，尤其是采购条件及供应商情况，或虚报事实者。

（18）违反公司商业行为准则，或有图利他人情节，并导致公司利益损失。

（19）仿效上级主管人员签字，盗用印信或擅用公司名义者。

（20）警告累计3次或严重警告累计两次。

5. 若职员行为给公司造成重大损失或触犯国家法律法规的，将追究当事人法律责任，公司有权起诉。

6. 员工行为直接或间接造成公司损失的，除照价赔偿外，还将给予100～2000元不等的经济处罚。

7. 处分程序

员工无论受到何种处分，将由人力资源部和直属经理书面通知受处分本人，由受处分本人在通知书上签字，并由人力资源部存档备案。受处分人拒绝签字的，由两人或两人以上的宣布人签章证明后即生效。员工因违纪被公司辞退的，所受分记录将被放入员工档案。

（二）其他制度

其他制度包括员工行为规范、考勤制度、请假方式、奖惩制度、体检制度、仪容仪表制度、奖惩制度等。

二、人员礼仪规范

应保证每名上岗员工具有良好的个人仪容仪表形象，其基本要求如下。

（一）工作态度

（1）做到顾客至上，热情礼貌。对顾客要面带笑容，使用敬语，"请"字当头，"谢"字随后，给顾客以亲切和轻松愉快的感觉。

（2）努力赢得顾客的满意，增加公司的声誉，提供高效率的服务，关注工作上的技术细节，急顾客所急，为顾客排忧解难。

(3)给顾客以效率快和良好服务的印象,无论是常规的服务还是正常的管理工作,都应尽职尽责。一切务求得到及时圆满的效果。

(4)员工之间应互相配合、真诚协作、不得提供假情况,不得文过饰非,阳奉阴违。

(二)着装

对于服务性行业而言,所有员工在工作场所的服装应统一、清洁、方便,具体要求如下。

(1)员工必须身着统一的制服,服装须保持整洁,不追求修饰。

(2)衬衫无论是什么颜色,其领子与袖口不得有污秽。

(3)鞋子要保持清洁,如有破损应及时修补,不得穿带钉子的鞋。

(4)女性职员要保持服装淡雅得体,不得过分华丽。

(三)仪表

(1)头发整齐,保持清洁,男性职员头发不宜太长。

(2)面部洁净、健康,不留胡须,口腔清洁。

(3)随时保持手部清洁,不留长指甲,指甲缝无污垢,女性职员涂指甲油要尽量用淡色。

(4)上班前不能喝酒或吃有异味食品,工作时不许抽烟。

(5)女性职员应化淡妆,给人清洁健康的印象,不能浓妆艳抹,不宜用香味浓烈的香水。

下面提供一份某公司的员工礼仪规范,仅供参考。

【实战范本】礼仪规范 ▶▶▶

礼仪规范

一、电话礼节

1.电话铃声响起三声之内迅速接听电话,若旁桌无人而电话铃响时,也必须尽快代接电话,妥善处理。

2.接听外来电话统一使用"您好!×××!"礼貌用语。

3.通话时态度要和气热情,多使用"您好!""谢谢!""对不起!""我可以……吗?""请"等词语。

4.如果对方找的员工在,应说:"请稍候",同时传叫,传叫其他员工电话时,应避免电话对方听见我方办公室对话;如果对方找的员工不在时,应礼貌地告诉对方不在,并说:"请问我可以为您帮忙吗?"对方说不需要,礼貌地挂断电话；对方需要转达，则应认真做好记录，重要的如日期、金额等数字必须重复一下，以便准确记录。

5.当接到顾客打来的咨询电话时，一定要耐心回答问题，直到顾客满意为止。

6.通话时若遇到不清楚的事情或自己不能处理时，应坦白告诉对方，并马上将电话交给能够处理的人。转交前，应先把对方所谈内容简明扼要地告诉接话人。

7.向外打公事电话应保持简短扼要，通话前计划好通话内容，避免啰唆。

8.结束通话时应道"谢谢""再见"等礼貌用语，接电话方要让打出方先挂电话（通常男士让女士先挂电话；下属让上司先挂电话；晚辈让长者先挂电话）。

9.工作时间避免打私人电话，如有必须处理的私事，尽可能放在午休时间。

二、待客礼节

（一）接待工作及其要求

1.在规定的接待时间内不缺席、不迟到。

2.有客户来访，应热情接待并让座。

3.来客多时按序进行，不能先接待熟悉客户。

4.对事前已通知来的客户，要表示欢迎。

5.记住常来的客户。

6.接待客户时应主动、热情、大方、微笑服务。

（二）介绍和被介绍的方式和方法

1.无论是何种形式、关系、目的和方法的介绍，应该对介绍负责。

2.直接见面介绍的场合下，应先把地位低者介绍给地位高者。若难以判断，可把年轻的介绍给年长的。在介绍本公司和其他公司的人员时，应先把本公司的人介绍给别的公司的人，不使用"先生"（或小姐）等称谓，而是以职务相称。

3.把一个人介绍给很多人时，应先介绍其中地位最高的或酌情而定。

4.男女间的介绍，应先把男性介绍给女性。男女地位、年龄有很大差别时，若女性年轻，可先把女性介绍给男性。

（三）名片的接受和保管

1.名片应先递给长辈或上级。

2.把自己的名片递出时，应把文字向着对方，双手拿出，一边递交一边清楚说出自己的姓名。

3.接对方的名片时，应双手去接，拿到手后，要马上看，正确记住对方姓名后,将名片收起。如遇对方姓名有难认的文字,马上询问。

4.对收到的名片妥善保管,以便检索。离职时,需将客户名片移交给主管领导备案。

三、办公室礼节

1.站姿:两脚脚跟着地,脚尖呈"V"字形约45度,腰背挺直,头微向下,使人看清面孔。两臂自然,不耸肩,身体重心在两脚中间。会见客户或出席仪式站立场合,或在长辈、上级面前,不得把手交叉放在胸前、口袋、腰间。

2.坐姿端正,不弯腰驼背,不跷二郎腿,不得傲慢地把腿向前伸或后伸,俯视前方。要移动椅子的位置时,应把椅子放在你应放的位置,然后再坐。离开位子时,应随手把椅子放回原位。

3.公司内与同事相遇应点头表示礼貌。

4.出入房间的礼貌:进入房间应先轻轻敲门,听到应答再进。进入后,回手关门,不能用力过大、粗暴。进入房间后如果对方正在讲话,要稍等静候,不要中途插话,如有急事要打断说话,也要看机会。而且要说:"对不起打断您们的讲话了"。

5.递交物件时,如递文件等,要把正面、文字对着对方的方向递上去,如是钢笔,要把笔尖向自己,使对方容易接着至于刀子或剪刀等利器,应把刀尖向着自己。

6.走通道、走廊时要放轻脚步。

7.无论在自己的公司,还是在访问的公司,在通道和走廊里不能一边走一边大声说话,更不得唱歌或吹口哨等。

8.在通道、走廊里遇到上司或客户要礼让,不能抢行。

四、仪容仪表

1.办公室人员:男士必须穿正式服装及长裤,系领带、着西装;必须穿袜子,不能穿无领T恤衫、短裤、沙滩裤或拖鞋;外出拜访客户前或在正式场合出现时,应系领带,并注意与西装、衬衫颜色相配,领带不得有污渍、破损或歪斜松弛。

女士着装美观大方,不穿奇装异服,不穿露背、露腰或袒胸的服装;不穿超短裙。

2.一线工作人员要求穿工作服;服装应清洁、方便,不追求修饰,领子与袖口不得污秽。职员工作时不宜穿大衣或过分臃肿的服装。

3.员工头发要经常清洗,保持干净,经常修剪,男士不留长发和胡须。

4.员工戴首饰要简洁,女士宜化淡妆,应给人清洁健康的印象,不能浓妆艳抹,不宜用香味浓烈的香水。

5.员工指甲不能太长,要经常注意修剪。女士涂指甲尽量用淡颜色。

6.员工夏季穿凉鞋,不得穿拖鞋。鞋子应保持清洁,如有破损应及时修补。

7.口腔要保持清洁,上班前不能喝酒或吃有异味的食品。

五、会议礼节

1.要有节约时间及会议效率的观念。

2.与会人员对当日的会议内容需整理好自己的意见,做好准备。

3.会议按程序进行,未经主持人同意不得发言,以免扰乱会场程序。

4.会议中要禁忌滔滔不绝、默默不语、窃窃私语、中途离开、打断话题、旧事重提等行为。

5.会议期间,应将手机关闭或切换到振动状态。

6.会议中途,原则上不允许请假,如因紧急情况需要请假的,须向会议主持人以口头形式请假,经同意后方可离场。

7.会议开始前,与会人员先于领导进入会场,按有关礼仪落座。

8.会议结束后,会议召集部门应负责清理会议室,将桌椅归位及关闭电源和门窗。

六、住宿规范

1.住宿人员须严格遵守有关住宿规定(公司员工宿舍管理规定),并配合管理人员搞好宿舍区域的卫生。

2.爱护公共财产,注意消防安全,遵守保卫安全,不得故意破坏。

七、就餐礼仪

1.除特殊岗位外,公司对当天上班员工提供免费午餐,非当班时间不得到公司就餐,一经发现须在当月工资中扣除餐费。

2.在食堂就餐的员工必须遵守就餐时间,不得提前离岗就餐。

中餐时间为:11:30～13:30

晚餐时间为:17:00～18:45

3.员工进入餐厅就餐须自觉打卡。不许用自己的卡替他人打饭。

4.严格遵守餐厅规定,按秩序排队,文明就餐。

5.在餐厅用餐人员一律服从餐厅管理和监督,爱护公物、餐具,爱惜粮食,注意节约,杜绝浪费。

6.员工用餐后的餐具须放在餐厅指定地点,饭后自觉清理自己的卫生,不乱倒残羹。

7.所有水果必须在餐厅吃完,不得边走边吃,不得带入工作区。

三、员工的工资管理

公司应按照员工的职位、岗位、工作资历、工作能力等情况制订工资标准，为激励员工，公司每年对工资都要有一定幅度的上调。当员工在公司连续工作满一定年限后，应该按月在其原有工资的基数上增长一定的数额。这个工作年限一般定为1年为宜，具体的增长数额可以根据公司经营业绩、员工的工作时间长短、员工的工作岗位、职位高低以及以往工作表现等确定。一般技术类岗位的员工增长数额，在工作时间相同的情况下应比其他岗位的员工高一些，职位高的员工增长数额应高于职位低的员工。

每到月底须做好统计工作，分析员工个人对公司的收入贡献率，如有多劳多产者，相应提高工资待遇，对末位者需要警告提示，因为其极有可能是偷懒者多，必要时可以解雇，解雇工作消极的员工可以提高整个团队的工作素质。

四、有效激励员工

（一）奖惩分明

对于业绩突出的员工要进行奖励，对于工作中出现差错的员工要进行处罚，做到奖惩分明。公司对员工奖励的形式主要有奖金奖励、荣誉奖励等。奖金奖励分为定期奖励和临时奖励，定期奖励一般在月末、年末进行，当月度考核或年终考核时，员工达到优秀级别、良好级别的评定结果时，应该根据公司的盈利状况给予奖金奖励，并在员工会议上点名表扬，年终奖励应颁发荣誉证书。这一方面是给予员工与其劳动付出相对等的报酬；另一方面，可以大大提升被奖励员工的忠诚度，同时激励后进员工努力工作。

特别提示 ▶▶▶

即使公司经营出现亏损，只要员工在考核中获得优秀或良好的评定结果，也应该奖励，这种情况下奖励的数额可以少一点。

（二）晋升激励

为培养懂技术、会管理的人才，激励员工积极向上，公司应建立晋升激励制度。这项制度旨在通过给员工设定一个目标，只要员工努力工作，经考核达到晋升的条件，即可晋升到更高一级的职位上，从而既实现了公司的经营目标，也实现了员工的个人理想。具体做法是将每一个岗位分成一至三个职级，只要员工

在较低的职级上工作满1年或半年,经考核获得优秀,就可直接升任高一级的职级,考核评定为良好的员工可以晋升半级,累计两次评定为良好可升任一级。连续3年或18个月晋升一级的员工则可以升任该部门的副职,如果在部门副职的岗位上连续3年或18个月晋升一级,则任命为该部门的主管。

(三)股份激励

用高薪在经营良好的竞争对手中挖一两个人才,给予一定的权力,他可以为你做许多事,远比自己摸索调教人才要有效,尤其在刚刚起步的时候有助于快速成长。好的员工可以为你留客聚客,糟糕的员工可以为你赶客,让你破产。为了留住优秀的员工,可以让优秀的员工和你分享每一笔收入,也就是提成和分红,甚至在初期把个别业务承包给优秀的员工,他就会把你的生意当作自家的生意来经营。

第六章 公司税务管理

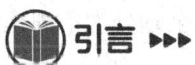 引言 ▶▶▶

企业税务管理是企业在遵守国家税法，不损害国家利益的前提下，充分利用税收法规所提供的包括减免税在内的一切优惠政策，达到少缴税或递延缴纳税款，从而降低税收成本，实现税收成本最小化的经营管理活动。

第一节 纳税人资格认定

新开企业,一定会遇到选择增值税纳税人身份的问题。选择不好,对税负有较大影响。增值税有两类纳税人:一类是一般纳税人,另一类是小规模纳税人。前者要同时达到销售额符合标准和会计核算健全这两个条件,后者则无需受此限制。作为增值税的纳税人,在实务中,是当一般纳税人好,还是做小规模纳税人好呢?

一、一般纳税人和小规模纳税人的区分

按照《中华人民共和国增值税暂行条例》(以下简称《增值税暂行条例》)及《中华人民共和国增值税暂行条例实施细则》(以下简称《实施细则》)的规定,增值税纳税人按其经营规模和会计核算是否健全划分为小规模纳税人和一般纳税人。

(一)小规模纳税人

小规模纳税人是指年销售额在规定标准以下并且会计核算不健全,不能按规定报送有关税务资料的增值税纳税人。认定标准如下。

(1)从事货物生产或提供应税劳务为主并兼营批发或零售的、年应税销售额在50万元以下的(以下简称工业企业)纳税人。

(2)从事货物批发或零售的、年应税销售额在80万元以下的纳税人。

(3)营业税改征增值税试点中应税服务年销售额在500万元以下的纳税人。

(二)一般纳税人

一般纳税人是指年应税销售额超过小规模纳税人的企业。

二、确认企业是哪类纳税人资格

国家税务总局最新下发的《增值税一般纳税人资格认定管理办法》(国家税务总局第22号令)规定,年应税销售额未超过财政部、国家税务总局规定的小规模纳税人标准以及新开业的纳税人,可以向主管税务机关申请一般纳税人资格认定。

一般纳税人应纳税额为当期销项税额抵扣当期进项税额后的余额。小规模纳税人应纳税额是按照销售额与条例规定3%的征收率计算,不得抵扣进项税额。

就总体而言，两种纳税方式税负水平基本相同，但就某个企业而言则不相同。企业应当根据产品特点，生产组织方式及外部环境的要求选择适当的增值税纳税方式，以减轻企业的税收负担。

（一）临界点的确定

临界点，就是企业在什么情况下，不管是选择一般纳税人还是小规模纳税人，其税负相等。临界点可以通过计算得出。假设某企业销售额为a，选择一般纳税人时，增值税税率为基本税率17%，那么销项税额为$17\% \times a$，设进项税额为X，则应纳增值税为$17\% \times a – X$。

如果该企业选择小规模纳税人，由于其销售额与选择一般纳税人时相同（a），增值税征收率为3%，则应纳增值税额为$3\%a$。

即$17\%a – X = 3\%a$；$X = 14\%a$。

也就是说，当企业进项税额为销售额的14%时，不管是选择一般纳税人还是选择小规模纳税人，其税负相等。此时，一般纳税人应纳税额为$17\%a – 14\%a = 3\%a$，等于小规模纳税人的应纳税额。此时，进项税占销项税的比例为：$14\%a \div 17\%a \times 100\% \approx 82.35\%$。该企业无论是选择一般纳税人还是小规模纳税人，其增值税税负相等。

（二）纳税方式的选择分析

假定某公司2013年销售收入为60万元，据统计当年取得进项税8.4万元。该企业为一般纳税人，销项税应为10.2万元，当年应纳增值税为：10.2–8.4=1.8（万元）。假如该企业为小规模纳税人，当年应纳增值税为：60×3%=1.8（万元）。此时该企业无论是选择一般纳税人还是小规模纳税人，其增值税税负相等。

假如该企业进项税额为9万元，销项税额仍为10.2万元[60×17%=10.2（万元）]，此时进项税额为销项税额的88.24%（大于82.35%）。如果是一般纳税人，其应纳增值税为：10.2–9=1.2（万元）；如果是小规模纳税人，其应纳增值税为：60×3%=1.8（万元）。显然，一般纳税人的税负小于选择小规模纳税人的税负。

由此可见，当进项税额占销项税额的比重高于82.35%时，即进项税额大于销售额的14%时，意味着企业销项税额与进项税额差距缩小，进项税比重上升，销项税比重下降。选择一般纳税人缴纳的增值税必然小于选择小规模纳税人缴纳的增值税，企业选择一般纳税人有利。而对于一个企业，选择小规模的纳税人时，其税负水平始终为销售额的3%。选择一般纳税人时，由于销项税率一定（销售额的17%或13%），影响其税负水平取决于进项税额与销项税额或销售额比重。企业可以根据自身经营的特点，选择税负较低的增值税纳税方式。

（三）需要考虑的其他因素

企业选择纳税方式时还应考虑如下因素。

1.考虑客户即采购商的纳税方式

客户即采购商的纳税方式通常也分为两种：小规模纳税人和一般纳税人。具体如图6-1所示。

方式一	主要客户为小规模纳税人

如果企业的主要客户为小规模纳税人，其取得的进项税不能抵扣，对是否取得进项税不感兴趣，客户所关心的是含税价的高低。此时，企业为了增强竞争能力，扩大销售，可选择小规模纳税人。否则，企业只能降低售价以使含税价低于市场同类产品含税价来赢得顾客

方式二	客户多为一般纳税人

如果客户多为一般纳税人，由于其取得的进项税可以抵扣，此时企业可考虑选择一般纳税人，这样符合客户的利益

图6-1 考虑客户即采购商的纳税方式

2.考虑本企业产品对客户的用途

如果企业的产品对客户来说是原材料或协作件，且客户为一般纳税人，则与上款相同；如果本企业的产品对客户来说构成固定资产，根据税法规定，企业购进固定资产所取得的进项税不得抵扣，必须记入固定资产成本，客户在选择供应商时往往以含税价高低为标准。为了赢得客户，企业理应选择小规模纳税人。除非企业决定价格让利14%，使客户认为虽然多支付了14%的增值税，但这部分税已从价格让利得到补偿，可以选择一般纳税人。如果企业产品是为某军工企业生产的军品配套，由于国家对军品实行免税，军工企业对能否取得进项税不感兴趣，企业为考虑该军工企业利益，选择时与客户为小规模纳税人时相同。

总之，选择增值税纳税方式应当慎重，应当全方位考虑，综合比较分析，这不仅涉及本企业的税负和经济利益，而且影响到客户的税负和经济利益。既要考虑本企业情况，又要考虑供应商及客户的实际情况；不仅要考虑自身税负高低，而且要考虑降低采购成本，赢得客户扩大销售，提高市场占有率。只有这样，才能使纳税方式的选择达到提高企业产品竞争能力，最大限度地提高企业经济效益的目的。

三、一般纳税人资格认定

新开业纳税人申请认定一般纳税人的手续和流程如图6-2所示。

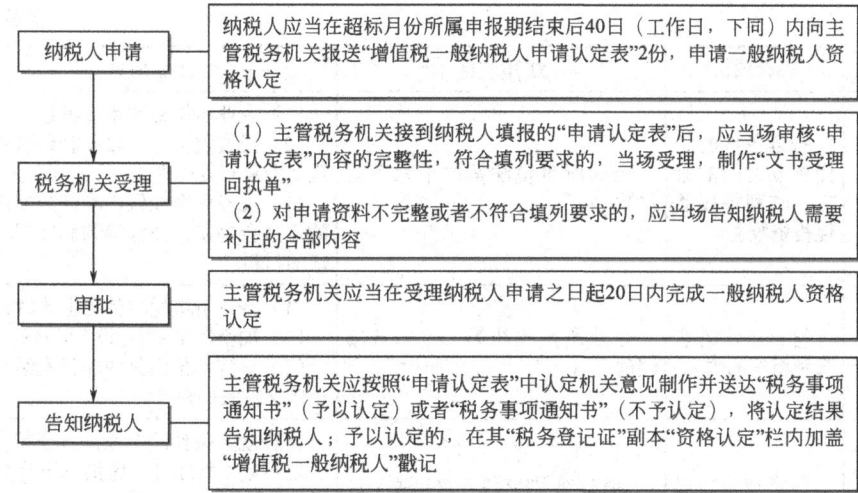

图6-2 申请认定一般纳税人的手续和流程图

第二节 税收优惠备案及审批

一、企业所得税税收优惠项目

(一)实行简易备案管理的企业所得税减免优惠项目

实行简易备案管理的企业所得税减免优惠项目,由纳税人在汇算清缴结束前(包括预缴期,另有规定的除外)按表6-1的规定报送相应的资料,税务机关受理后,纳税人即可享受该企业所得税减免优惠,其他与享受优惠项目相关的资料,由纳税人留存备查。

表6-1 实行简易备案管理的企业所得税减免优惠项目及报备资料

序号	优惠项目	法律依据	报备资料
1	债券利息收入(国债、地方政府债券、铁路建设债券)	《中华人民共和国企业所得税法》(以下简称企业所得税法)第二十六条第一款、《财政部国家税务总局关于地方政府债券利息免征所得税问题的通知》(财税〔2013〕5号)、《财政部国家税务总局关于铁路建设债券利息收入企业所得税政策的通知》(财税〔2011〕99号)	(1)企业所得税减免优惠备案表 (2)债券利息收入情况表

续表

序号	优惠项目	法律依据	报备资料
2	符合条件的居民企业之间的股息、红利等权益性投资收益	企业所得税法第二十六条第二款	（1）企业所得税减免优惠备案表 （2）投资收益、应收股利科目明细账及汇总表复印件 （3）被投资企业做出利润分配决定的董事会决议、公告等利润分配相关证明材料
3	符合条件的非营利组织的收入	企业所得税法第二十六条第四款	（1）企业所得税减免优惠备案表 （2）加盖公章的登记设立证书复印件 （3）认定单位出具的非营利组织的认定文件复印件
4	国家规划布局内的重点软件企业和集成电路设计企业	《财政部 国家税务总局关于进一步鼓励软件产业和集成电路产业发展企业所得税政策的通知》财税〔2012〕27号第四条	符合规定条件的企业，应在年度终了之日起4个月内，提供以下报备资料： （1）企业所得税减免优惠备案表 （2）有权部门公布的国家规划布局内的重点软件企业或集成电路设计企业名单文件和证书复印件
5	证券投资基金从证券市场取得收入、证券投资基金管理人运用基金买卖股票、债券的差价收入、投资者从证券投资基金分配中取得的收入	《财政部 国家税务总局关于企业所得税若干优惠政策的通知》财税〔2008〕1号第二条第（一）、（三）、（二）款	（1）企业所得税减免优惠备案表 （2）证券投资基金相关收入情况表 （3）证券投资基金从证券市场取得收入、证券投资基金管理人运用基金买卖股票、债券的差价收入，需提供证监会批准基金设立文件复印件 （4）投资者从证券投资基金分配中取得的收入，需提供从证券投资基金分配中取得的收入的证明材料
6	经营性文化事业单位转制为企业	《财政部 国家税务总局关于文化体制改革中经营性文化事业单位转制为企业的若干税收优惠政策的通知》财税〔2009〕34号第一条	（1）企业所得税减免优惠备案表 （2）有权部门公布的转制文化企业名单文件复印件
7	金融机构农户小额贷款的利息收入	《财政部 国家税务总局关于农村金融有关税收政策的通知》财税〔2010〕4号第二条	（1）企业所得税减免优惠备案表 （2）金融机构向农户发放小额贷款利息收入明细账及汇总表复印件
8	保险公司为种植业、养殖业提供保险业务取得的保费收入	《财政部 国家税务总局关于农村金融有关税收政策的通知》财税〔2010〕4号第四条	（1）企业所得税减免优惠备案表 （2）保险公司为种植业、养殖业提供保险业务取得的保费收入明细账及汇总表复印件
9	技术先进型服务企业	《财政部 国家税务总局 商务部 科技部 国家发展改革委关于技术先进型服务企业有关企业所得税政策问题的通知》财税〔2010〕65号	（1）企业所得税减免优惠备案表 （2）技术先进型服务企业的认定文件和认定证书复印件

（二）实行登记备案管理的企业所得税减免优惠项目

实行登记备案管理的企业所得税减免优惠项目，由纳税人按下述规定报送相应的资料，主管税务机关在7个工作日内完成登记备案工作，并告知纳税人。具体包括可在预缴期登记备案和汇算清缴期登记备案两种情形。

1.可在预缴期登记备案的企业所得税减免优惠项目

纳税人可在预缴期登记备案的企业所得税减免优惠项目，在预缴期间（另有规定的除外）向主管税务机关提交下述规定的预缴期报备资料，主管税务机关受理后，纳税人在预缴企业所得税时即可享受该企业所得税减免优惠；年度汇算清缴期间，纳税人应按表6-2的规定提交汇算清缴期补充报备资料报主管税务机关备案，主管税务机关接到纳税人备案资料后，在7个工作日内完成登记备案工作，并告知纳税人执行。纳税人在预缴期能够核算出减免税优惠金额的，可在预缴期享受上述减免优惠，否则应在汇算清缴期进行备案后享受该项减免优惠。

表6-2　可在预缴期登记备案的企业所得税减免优惠项目

序号	优惠项目	法律依据	报备资料
1	从事农、林、牧、渔业项目所得	企业所得税法第二十七条第一款，《国家税务总局关于实施农林牧渔业项目企业所得税优惠问题的公告》国家税务总局公告2011年第48号	1.预缴期报备资料 （1）企业所得税减免优惠备案表 （2）企业经营项目说明材料 2.汇算清缴期补充报备资料 农、林、牧、渔业或农产品初加工项目核算情况表
2	从事国家重点扶持的公共基础设施项目投资经营所得	企业所得税法第二十七条第二款	1.预缴期报备资料 纳税人应在取得第一笔主营业务收入后十五日内向税务机关报送以下资料 （1）企业所得税减免优惠备案表 （2）有关部门批准该项目文件复印件 （3）该项目完工验收报告复印件 （4）该项目投资额验资报告复印件 （5）该项目取得第一笔生产经营收入的原始凭证、记账凭证、明细账等复印件 （6）从事国家重点扶持的公共基础设施项目情况说明材料。 2.汇算清缴期补充报备资料：国家重点扶持的公共基础设施项目核算情况表
3	从事符合条件的环境保护、节能节水项目的所得	企业所得税法第二十七条第三款	1.预缴期报备资料 （1）企业所得税减免优惠备案表 （2）项目取得第一笔生产经营收入的原始凭证、记账凭证、明细账等复印件 （3）从事符合条件的环境保护、节能节水项目情况说明材料 2.汇算清缴期补充报备资料 环境保护、节能节水项目核算情况表

续表

序号	优惠项目	法律依据	报备资料
4	符合条件的小型微利企业	企业所得税法第二十八条第一款、《财政部国家税务总局关于小型微利企业所得税优惠政策有关问题的通知》财税〔2011〕117号	1.预缴期报备资料 企业所得税减免优惠备案表 2.汇算清缴期补充报备资料 小型微利企业情况表
5	需要国家重点扶持的高新技术企业	企业所得税法第二十八条第二款	1.预缴期报备资料 （1）企业所得税减免优惠备案表 （2）高新技术企业认定文件和认定证书复印件 2.汇算清缴期补充报备资料 （1）产品（服务）属于《国家重点支持的高新技术领域》规定的范围的说明 （2）企业年度研究开发费用结构明细表 （3）企业当年高新技术产品（服务）收入占企业总收入的比例说明 （4）企业具有大学专科以上学历的科技人员占企业当年职工总数的比例说明、研发人员占企业当年职工总数的比例说明
6	固定资产、无形资产加速折旧或摊销	企业所得税法第三十二条、《财政部国家税务总局关于进一步鼓励软件产业和集成电路产业发展企业所得税政策的通知》财税〔2012〕27号第七条、第八条	1.预缴期报备资料 纳税人需对固定资产采取缩短折旧年限或者加速折旧方法的，应在取得该固定资产后一个月内，向主管税务机关报送以下资料 （1）企业所得税减免优惠备案表 （2）固定资产的功能、预计使用年限短于《企业所得税法实施条例》规定计算折旧的最低年限的理由、证明资料及有关情况的说明 （3）被替代的旧固定资产的功能、使用及处置等情况的说明 （4）固定资产加速折旧拟采用的方法和折旧额的说明 2.汇算清缴期补充报备资料 固定资产、无形资产加速折旧或摊销情况表
7	企业综合利用资源	企业所得税法第三十三条	1.预缴期报备资料 （1）企业所得税减免优惠备案表 （2）资源综合利用认定文件和认定证书复印件 （3）资源综合利用情况说明材料 2.汇算清缴期补充报备资料 资源综合利用项目核算情况表

续表

序号	优惠项目	法律依据	报备资料
8	集成电路生产企业、新办的集成电路设计企业和符合条件的软件企业、动漫企业	《财政部 国家税务总局关于进一步鼓励软件产业和集成电路产业发展企业所得税政策的通知》财税〔2012〕27号第一、二、三条，《财政部 国家税务总局关于扶持动漫产业发展有关税收政策问题的通知》财税〔2009〕65号第二条	1.预缴期报备资料 （1）企业所得税减免优惠备案表 （2）集成电路生产企业、集成电路设计企业和软件企业提供认定文件和认定证书复印件及年审证明复印件 （3）动漫企业提供动漫企业认定文件和证书复印件 2.汇算清缴期补充报备资料 集成电路生产企业、集成电路设计企业、软件企业及动漫企业情况表
9	实施CDM项目所得	《财政部 国家税务总局关于中国清洁发展机制基金及清洁发展机制项目实施企业有关企业所得税政策问题的通知》财税〔2009〕30号第二条第（二）点	1.预缴期报备资料 （1）企业所得税减免优惠备案表 （2）CDM项目实施情况说明 （3）对HFC和PFC类CDM项目，其将温室气体减排量转让收入的65%上缴给国家的证明材料对N2O类CDM项目，其将温室气体减排量转让收入的30%上缴给国家的证明材料。 2.汇算清缴期补充报备资料 CDM项目核算情况表
10	节能服务公司实施合同能源管理项目所得	《财政部 国家税务总局关于促进节能服务产业发展增值税营业税和企业所得税政策问题的通知》财税〔2010〕110号第二条	1.预缴期报备资料 （1）企业所得税减免优惠备案表 （2）节能服务公司法人资格、注册资金、专职技术及合同能源管理人员配置、单独提供用能状况诊断、节能项目设计等服务的说明和证明材料 （3）项目取得第一笔生产经营收入的原始凭证、记账凭证、明细账复印件 （4）节能服务公司实施合同能源管理项目相关技术符合国家质量监督检验检疫总局和国家标准化管理委员会发布的《合同能源管理技术通则》(GB/T 24915—2010)规定技术要求的说明或证明材料 （5）节能服务公司与用能企业签订的《节能效益分享型》合同复印件 （6）实施合同能源管理项目符合《环境保护节能节水项目企业所得税优惠目录》(财税〔2009〕166号)规定项目和条件的说明或证明材料 （7）节能服务公司投资额不低于实施合同能源管理项目投资总额的70%的证明材料 2.汇算清缴期补充报备资料 节能服务公司实施合同能源管理项目核算情况表
11	横琴税收优惠政策	《国务院关于横琴开发有关政策的批复》国函〔2011〕85号	1.预缴期报备资料 （1）企业所得税减免优惠备案表 （2）税务机关要求报备的资料 2.汇算清缴期报备资料 税务机关要求报备的资料

2.汇算清缴期登记备案管理的企业所得税优惠项目

纳税人汇算清缴期登记备案的企业所得税减免优惠项目,应在汇算清缴期间向主管税务机关提交表6-3规定的资料,主管税务机关在7个工作日内完成登记备案工作,并告知纳税人。

表6-3 汇算清缴期登记备案管理的企业所得税优惠项目

序号	优惠项目	法律依据	报备资料
1	符合条件的技术转让所得	企业所得税法第二十七条第四款	汇算清缴期报备资料 (1)企业发生境内技术转让,向主管税务机关备案时应报送以下资料 ①企业所得税减免优惠备案表 ②技术转让合同(副本) ③省级以上科技部门出具的技术合同登记证明 ④技术转让所得归集、分摊、计算情况表 ⑤实际缴纳相关税费的证明资料 ⑥省级以上(含省级)科技部门审批证明(涉及财政经费支持产生技术的转让)(财税〔2010〕111号)。 (2)企业向境外转让技术,向主管税务机关备案时应报送以下资料 ①企业所得税减免优惠备案表 ②技术出口合同(副本) ③省级以上商务部门出具的技术出口合同登记证书或技术出口许可证 ④技术出口合同数据表 ⑤技术转让所得归集、分摊、计算情况表 ⑥实际缴纳相关税费的证明资料 ⑦省级以上(含省级)科技部门审批证明(涉及财政经费支持产生技术的转让)(财税〔2010〕111号)
2	开发新技术、新产品、新工艺发生的研究开发费用	企业所得税法第三十条第一款	汇算清缴期报备资料 (1)企业所得税减免优惠备案表 (2)自主、委托、合作研究开发项目计划书和研究开发费预算 (3)自主、委托、合作研究开发专门机构或项目组的编制情况和专业人员名单 (4)自主、委托、合作研究开发项目当年研究开发费用发生情况归集表 (5)企业总经理办公会或董事会关于自主、委托、合作研究开发项目立项的决议文件 (6)委托、合作研究开发项目的合同或协议 (7)研究开发项目的效用情况说明、研究成果报告及核算情况说明 (8)无形资产成本核算说明(仅适用新技术、新产品、新工艺发生的研究开发费用形成无形资产情形)

续表

序号	优惠项目	法律依据	报备资料
3	安置残疾人员及国家鼓励安置的其他就业人员所支付的工资	企业所得税法第三十条第二款	汇算清缴期报备资料 （1）企业所得税减免优惠备案表 （2）在职残疾人员或国家鼓励安置的其他就业人员工资表 （3）为残疾职工或国家鼓励安置的其他就业人员购买社保的资料 （4）残疾人员证明或国家鼓励安置的其他就业人员的身份证明复印件 （5）纳税人与残疾人或国家鼓励安置的其他就业人员签订的劳动合同或服务协议（副本） （6）具备安置残疾人员上岗工作的基本设施情况的说明
4	创业投资企业	企业所得税法第三十一条	汇算清缴期报备资料 （1）企业所得税减免优惠备案表 （2）经备案管理部门核实后出具的年检合格通知书复印件 （3）关于创业投资企业投资运作情况的说明 （4）中小高新技术企业投资合同或章程的复印件、实际所投资金验资报告等相关材料 （5）中小高新技术企业基本情况[包括企业职工人数、年销售（营业）额、资产总额等]说明 （6）由省高新技术企业认定管理机构出具的中小高新技术企业有效的高新技术企业证书复印件
5	企业购置专用设备税额抵免	企业所得税法第三十四条	汇算清缴期报备资料 （1）企业所得税减免优惠备案表 （2）加盖企业公章的所购置相关设备的支付凭证、发票、合同等资料复印件 （3）购置设备所需资金来源说明和相关的原始凭证、记账凭证、明细账等复印件 （4）购置的环境保护、节能节水、安全生产等专用设备投资抵免情况表
6	生产和装配伤残人员专门用品企业	《财政部 国家税务总局 民政部关于生产和装配伤残人员专门用品企业免征企业所得税的通知》财税〔2011〕81号	纳税人应在年度终了4个月内向税务机关报送 （1）企业所得税减免备案表 （2）从事生产和装配伤残人员专门用品企业情况说明 （3）伤残人员专门用品制作师名册、《执业资格证书》（复印件），以及申请前年度制作师《执业资格证书》检查合格证明 （4）收入明细资料

二、增值税优惠项目及报送的资料

（一）备案类增值税优惠项目及报送的资料

备案类增值税优惠项目及报送的资料见表6-4。

表6-4 备案类增值税优惠项目及报送的资料

大类	序号	优惠项目	报送资料	审批（备案）期限	减免税期限	备注
免征增值税项目	1	个人转让著作权	（1）纳税人减免税申请 （2）《纳税人减免税申请审批表》 （3）个人转让著作权业务合同原件和复印件（查验原件后留存复印件） （4）作品或有关著作权证明（查验原件后留存复印件）	2013年8月1日起长期	按次	
	2	残疾人个人提供应税服务	（1）纳税人减免税申请 （2）《纳税人减免税申请审批表》 （3）残疾人证书（或残疾军人证书）原件及复印件（查验原件后留存复印件） （4）残疾人身份证原件及复印件（查验原件后留存复印件） （5）申请对企事业单位承包、承租经营所得减免，需提供承包、承租经营合同原件及复印件（查验原件后留存复印件）	2013年8月1日起长期	长期	
	3	航空公司提供飞机播洒农药服务	（1）纳税人减免税申请 （2）《纳税人减免税申请审批表》 （3）提供飞机播洒农药服务业务合同原件和复印件（查验原件后留存复印件）	2013年8月1日起长期	长期	
	4	提供技术转让、技术开发和与之相关的技术咨询、技术服务	（1）纳税人减免税申请 （2）《纳税人减免税申请审批表》 （3）企业签订的技术转让、技术开发和与之相关的技术咨询、技术服务业务合同（查验原件后留存复印件），合同上应有科技部门指定的技术合同认定登记机构加盖的技术转让合同认定专用章或技术开发合同认定专用章，并且有审定人印章 （4）科技部门指定的技术合同认定登记机构出具的技术合同认定审核证明 （5）外国企业和外籍个人从境外向中国境内转让技术的，除提供上述材料以外，还需提供商务局核发的《技术引进和设备进口合同注册生效证书》原件和复印件（查验原件后留存复印件） （6）外国企业和外籍个人如委托境内企业申请办理备案手续的，应提供委托书，如系外文的应翻译成中文（查验原件后留存复印件）	2013年8月1日起长期	按次	

续表

大类	序号	优惠项目	报送资料	审批（备案）期限	减免税期限	备注
免征增值税项目	5	合同能源管理项目中提供的应税服务	（1）纳税人减免税申请 （2）《纳税人减免税申请审批表》 （3）企业签订节能效益分享型合同能源管理项目合同原件和复印件（查验原件后留存复印件）。	2013年8月1日起长期	长期	
	6	离岸服务外包业务	（1）纳税人减免税申请 （2）《纳税人减免税申请审批表》 （3）企业签订离岸服务外包项目业务合同原件和复印件（查验原件后留存复印件）	2013年8月1日～12月31日	2013年8月1日～12月31日	要看当地是否属于中国服务外包示范城市，判断是否享受此政策
	7	台湾航运公司从事海峡两岸海上直航业务在大陆取得的运输收入	（1）纳税人减免税申请 （2）《纳税人减免税申请审批表》 （3）企业签订台湾航运公司从事海峡两岸海上直航业务合同原件和复印件（查验原件后留存复印件） （4）交通运输部颁发的"台湾海峡两岸间水路运输许可证"且许可证上注明的公司登记地址在台湾的航运公司（查验原件后留存复印件）	2013年8月1日起长期	长期	
	8	台湾航空公司从事海峡两岸空中直航业务在大陆取得的运输收入	（1）纳税人减免税申请 （2）《纳税人减免税申请审批表》 （3）企业签订台湾航空公司从事海峡两岸空中直航业务合同原件和复印件（查验原件后留存复印件） （4）中国民用航空局颁发的"经营许可"或依据《海峡两岸空运协议》和《海峡两岸空运补充协议》规定，批准经营两岸旅客、货物和邮件不定期（包机）运输业务，且公司登记地址在台湾的航空公司（查验原件后留存复印件）	2013年8月1日起长期	长期	
	9	ABS船级社船检服务	（1）纳税人减免税申请 （2）《纳税人减免税申请审批表》 （3）美国ABS船级社身份证明（查验原件后留存复印件） （4）企业签订美国ABS船级社提供船检服务业务合同原件和复印件（查验原件后留存复印件）	2013年8月1日起长期	长期	

续表

大类	序号	优惠项目	报送资料	审批（备案）期限	减免税期限	备注
免征增值税项目	10	电影企业转让版权、发行、农村放映	（1）纳税人减免税申请 （2）《纳税人减免税申请审批表》 （3）《电影发行许可证》以及广播、电影、电视行政主管部门批准的从事电影制片、发行、放映相关的文件材料 （4）收取相关收入的合同和协议	2013年8月1日～12月31日	2013年8月1日～12月31日	
	11	为安置随军家属就业而新办的企业	（1）纳税人减免税申请 （2）《纳税人减免税申请审批表》 （3）驻青部队各单位师（含）以上政治部出具的随军家属证明原件及复印件（查验原件后留存复印件） （4）军（含）以上政治和后勤机关共同出具的加盖部队公章的"安置随军家属达到规定比例企业"的证明材料原件（留存原件）	2013年8月1日起长期	自领取税务登记证之日起3年内	
	12	随军家属从事个体经营	（1）纳税人减免税申请 （2）《纳税人减免税申请审批表》 （3）驻青部队各单位师（含）以上政治部出具的随军家属证明原件及复印件（查验原件后留存复印件） （4）随军家属相关的军官证原件与复印件（查验原件后留存复印件）	2013年8月1日起长期	自领取税务登记证之日起3年内	
	13	为安置自主择业的军队转业干部就业而新办的企业	（1）纳税人减免税申请 （2）《纳税人减免税申请审批表》 （3）师以上部队颁发的转业证件（查验原件后留存复印件） （4）企业提供有关转业干部就业人员占全部在职职工比例等相关情况的说明	2013年8月1日起长期	自领取税务登记证之日起3年内	
	14	军队转业干部从事个体经营	（1）纳税人减免税申请 （2）《纳税人减免税申请审批表》 （3）师以上部队颁发的转业证件（查验原件后留存复印件）	2013年8月1日起长期	自领取税务登记证之日起3年内	
	15	为安置自谋职业的城镇退役士兵就业而新办的服务型企业	（1）纳税人减免税申请 （2）《纳税人减免税申请审批表》 （3）《退役士兵自谋职业协议书》、《城镇退役士兵自谋职业证》（查验原件后留存复印件） （4）县级以上民政部门的书面认定意见原件和复印件（查验原件后留存复印件） （5）纳税人与城镇退役士兵签订的1年以上的劳动合同（查验原件后留存复印件） （6）企业提供符合条件的城镇退役士兵占全部在职职工比例等相关情况的说明	2013年8月1日起长期	自领取税务登记证之日起3年内	

续表

大类	序号	优惠项目	报送资料	审批（备案）期限	减免税期限	备注
免征增值税项目	16	自谋职业的城镇退役士兵从事个体经营	（1）纳税人减免税申请 （2）《纳税人减免税申请审批表》 （3）《退役士兵自谋职业协议书》、《城镇退役士兵自谋职业证》（查验原件后留存复印件）	2013年8月1日起长期	自领取税务登记证之日起3年内	
	17	服务型企业吸纳失业人员	（1）纳税人减免税申请 （2）《纳税人减免税申请审批表》 （3）《就业失业登记证》（注明"企业吸纳税收政策"，查验原件后留存复印件） （4）县以上人力资源社会保障部门核发的《企业实体吸纳失业人员认定证明》和加盖人力资源社会保障部门认定戳记的《持〈就业失业登记证〉人员本年度在企业预定（实际）工作时间表》（查验原件后留存复印件） （5）纳税人与新招录的持有《就业失业登记证》失业人员签订的一年（含）以上劳动合同（查验原件后留存复印件） （6）纳税人为新招的录持有《就业失业登记证》失业人员缴纳的"四险"缴费记录（查验原件后留存复印件）	2013年8月1日～2013年12月31日	在新增岗位中，当年新招用失业人员起3年内	
	18	失业人员从事个体经营	（1）纳税人减免税申请 （2）《纳税人减免税申请审批表》 （3）《就业失业登记证》（注明"自主创业税收政策"或附着《高校毕业生自主创业证》，查验原件后留存复印件）	2013年8月1日～2013年12月31日	自领取税务登记证之日起3年内	
即征即退项目	1	管道运输服务	（1）纳税人申请 （2）《税务认定审批确认表（通用）》 （3）企业签订管道运输服务业务合同（查验原件后留存复印件）	2013年8月1日起长期	长期	
	2	有形动产融资租赁	（1）纳税人减免税申请 （2）《税务认定审批确认表（通用）》 （3）企业签订有形动产融资租赁服务业务合同（查验原件后留存复印件） （4）中国人民银行、银监会、商务部及其授权部门批准经营融资租赁业务证明（查验原件后留存复印件）	2013年8月1日起长期	长期	

（二）报批类增值税优惠项目及报送资料

报批类增值税优惠项目及报送资料见表6-5。

表6-5 报批类增值税优惠项目及报送资料

序号	项目	提供资料名称
1	安置残疾人的单位	（1）《税收认定申请审批表》 （2）经民政部门或残疾人联合会认定的纳税人，应提供上述部门的书面审核认定意见原件和复印件 （3）纳税人与残疾人签订的劳动合同或服务协议（副本）原件和复印件 （4）纳税人为残疾人缴纳社会保险费缴费记录原件和复印件 （5）纳税人向残疾人通过银行等金融机构实际支付工资凭证原件和复印件
2	管道运输服务	（1）《税收认定申请审批表》 （2）管道运输服务业务合同原件和复印件
3	有形动产融资租赁	（1）《税收认定申请审批表》 （2）人民银行、银监会、商务部及其授权部门批准经营融资租赁业务证明原件和复印件

三、营业税优惠项目及报送的资料

（一）备案类减免税

如果你的企业给学生提供勤工俭学、残疾人员提供劳务的机会，你可以进行备案，从而获得营业税优惠。具体的政策规定及提供资料名称见表6-6。

表6-6 备案类减免税项目的政策规定及提供资料名称

序号	项目	政策规定	提供资料名称
1	学生勤工俭学	对学生勤工俭学提供劳务取得的收入，免征营业税	（1）学生证 （2）学校出具的身份证明
2	残疾人员提供劳务	（1）对残疾人个人为社会提供的劳务免征营业税 （2）所称残疾人员个人提供的劳务，是指残疾人员本人为社会提供的劳务。部分现代服务业改征增值税，残疾人个人提供应税服务免征增值税	残疾等级证明

（二）审批类减免税

对于安置转业干部、随军家属就业等情况，也可以获得一些减免税，具体政策规定及提供资料名称见表6-7。如果你的企业有类似情况，可以向税务机关申报。

表6-7 审批类减免税项目的政策规定及提供资料名称

序号	项目	政策规定	提供资料名称
1	转业干部就业	（1）从事个体经营的军队转业干部，经主管税务机关批准，自领取税务登记证之日起，3年内免征营业税和个人所得税 （2）为安置自主择业的军队转业干部就业而新开办的企业，凡安置自主择业的军队转业干部占企业总人数60%（含60%）以上的，经主管税务机关批准，自领取税务登记证之日起，3年内免征营业税和企业所得税	师级以上部队给发的转业证件；职工花名册；安置军队转业干部的劳动合同
2	随军家属就业	对为安置随军家属就业而新开办的企业，自领取税务登记证之日起，3年内免征营业税、企业所得税。对从事个体经营的随军家属，自领取税务登记证之日起，3年内免征营业税和个人所得税	（1）军级（含）以上政治和后勤机关出具的随军家属占企业总人数的60%（含）以上证明 （2）师级以上政治机关出具的可以表明其身份的证明
3	再就业（企业）	对商贸企业、服务型企业、劳动就业服务企业中的加工型企业和街道社区具有加工性质的小型企业实体，在新增加的岗位中，当年新招用持《再就业优惠证》人员，与其签订1年以上期限劳动合同并依法缴纳社会保险费的，按实际招用人数予以定额依次扣减营业税、城市维护建设税、教育费附加和企业所得税优惠	（1）《企业实体吸纳下岗失业人员认定证明》及其附表复印件 （2）《服务型企业收入明细表》 （3）《持〈再就业优惠证〉人员本年度在企业预定（实际）工作时间表》及复印件 （4）《再就业优惠证》或者《就业失业登记证》及复印件
4	再就业（个体）	对持《再就业优惠证》人员从事个体经营的，按每户每年8000元为限额依次扣减其当年实际应缴纳的营业税、城市维护建设税、教育费附加和个人所得税	《再就业优惠证》或者《就业失业登记证》及复印件
5	退役士兵自谋职业	（1）对为安置自谋职业的城镇退役士兵就业而新办的服务型企业当年新安置自谋职业的城镇退役士兵达到职工总数30%以上，并与其签订1年以上期限劳动合同的，经县级以上民政部门认定，税务机关审核，3年内免征营业税及其附征的城市维护建设税、教育费附加和企业所得税 （2）对自谋职业的城镇退役士兵在《国务院办公厅转发民政部等部门关于扶持城镇退役士兵自谋职业优惠政策意见的通知》（国办发〔2004〕10号）下发后从事下列行业的，可以享受如下税收优惠政策：从事个体经营的，自领取税务登记证之日起，3年内免征营业税、城市维护建设税、教育费附加和个人所得税	（1）县级以上民政部门认定材料 （2）《退役士兵自谋职业协议书》 （3）《城镇退役士兵自谋职业证》 （4）企业与安置的自谋职业的城镇退役士兵签订的劳动合同（副本）

续表

序号	项目	政策规定	提供资料名称
6	安置残疾人员就业	对安置残疾人的单位，实行由税务机关按单位实际安置残疾人的人数，限额即征即退增值税或减征营业税的办法。实际安置的每位残疾人每年可退还的增值税或减征的营业税每人每年3.5万元。上述营业税优惠政策仅适用于提供"服务业"税目（广告业除外）取得的收入占增值税业务和营业税业务收入之和达到50%的单位，但不适用于上述单位提供广告业劳务以及不属于"服务业"税目的营业税应税劳务取得的收入	（1）经民政部门或残疾人联合会认定的纳税人，出具上述部门的书面审核认定意见 （2）纳税人与残疾人签订的劳动合同或服务协议（副本） （3）纳税人为残疾人缴纳社会保险费缴费记录 （4）纳税人向残疾人通过银行等金融机构实际支付工资凭证 （5）《中华人民共和国残疾人证》和《中华人民共和国残疾军人证》

四、税收优惠备案及审批流程

税收优惠备案及审批流程如图6-3所示。

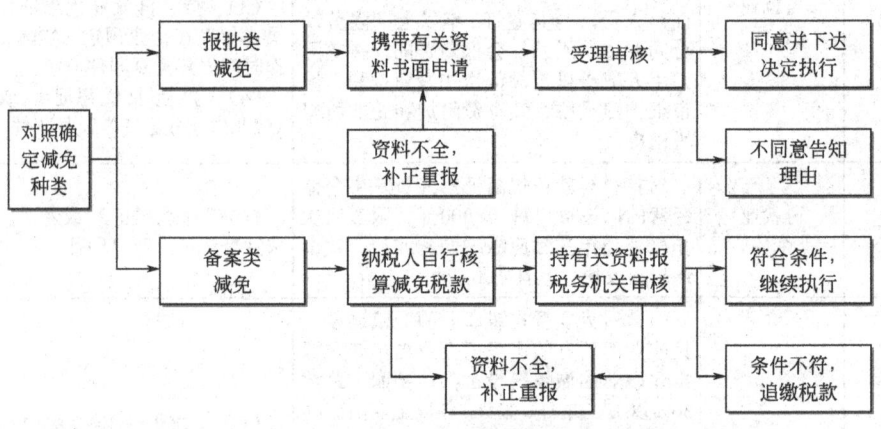

图6-3 税收优惠备案及审批流程

第三节 纳税申报

一、了解各税种的缴税日期

企业最好建立一个实用的征期日历，以便提醒企业在规定时间内缴税，避免产生税收滞纳金及罚款，表6-8是2015年度各月份纳税申报期限表。

表6-8 2015年度各月份纳税申报期限表

月份	征收项目	纳税期限	申报期起	申报期止
1月份	增值税、营业税、消费税、企业所得税、废弃电器电子产品处理基金	月、季	1月1日	1月15日
2月份	增值税、营业税、消费税	月	2月1日	2月21日
3月份	增值税、营业税、消费税	月	3月1日	3月17日
4月份	增值税、营业税、消费税、企业所得税、废弃电器电子产品处理基金	月、季	4月1日	4月18日
5月份	增值税、营业税、消费税、	月	5月1日	5月19日
6月份	增值税、营业税、消费税、	月	6月1日	6月16日
7月份	增值税、营业税、消费税、企业所得税、废弃电器电子产品处理基金	月、季	7月1日	7月15日
8月份	增值税、营业税、消费税、	月	8月1日	8月15日
9月份	增值税、营业税、消费税、	月	9月1日	9月18日
10月份	增值税、营业税、消费税、企业所得税、废弃电器电子产品处理基金	月、季	10月1日	10月22日
11月份	增值税、营业税、消费税	月	11月1日	11月17日
12月份	增值税、营业税、消费税	月	12月1日	12月15日

2015纳税申报时间表/纳税期限表如表6-8所示，其中今年2月、6月、7月、9月、12月的纳税申报期限均截至当月15日，2014年度企业所得税汇算清缴纳税申报期限为2015年6月1日。法律、法规另有规定的，从其规定。如有临时调整将另行通知。另根据国税总局安排，今年其余各月份纳税申报期限具体如下。

2015年1月纳税申报期限

因1月1日～3日元旦放假3天，因此1月的纳税申报期限顺延至1月19日。

2015年3月纳税申报期限

因申报期限的最后一日（15日）是法定休假日（星期日），因此3月的纳税申报期限顺延至3月16日。

2015年4月纳税申报期限

因4月4日～6日清明节放假3天，且18日是法定休假日（星期六），因此4月的纳税申报期限顺延至4月20日。

2015年5月纳税申报期限

因5月1日～3日劳动节放假3天，因此5月的纳税申报期限顺延至5月18日。

2015年8月纳税申报期限

因申报期限的最后一日（15日）是法定休假日（星期六），因此8月的纳税申报期限顺延至8月17日。

2015年10月纳税申报期限

因10月1日～7日国庆节放假7天，因此10月的纳税申报期限顺延至10月22日。

2015年11月纳税申报期限

因申报期限的最后一日（15日）是法定休假日（星期日），因此11月的纳税申报期限顺延至11月16日。

二、抄税

（一）抄税的目的

抄税的目的是检查企业开具增值税专用发票的完整情况，对企业的销项税额进行控制。每月报税前必须对本企业已开具的增值税专用发票拿到税局进行抄税，以核实企业的销项税额情况。

（二）抄税所需资料

（1）IC卡。

（2）手工制作的《增值税专用发票汇总表》（盖公章）。

（3）手工制作的《增值税普通发票汇总表》（盖公章）。

（4）当月已开具尚未抄税的所有专用发票（包括正常票和作废票）。

（5）上次抄税的最后一张专用发票。

（6）全部空白专用发票。

（7）发票领购簿和发票发售清单。

（8）科税公司的维修单（更换金税卡或重新发行金税卡时用，须经税政科签名）。

（9）丢失、被盗防伪税控系统专用设备情况表（丢失或被盗金税卡或IC卡时用）。

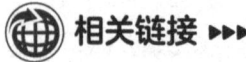 相关链接 ▶▶▶

网上抄报税

网上抄报税是指纳税人通过防伪税控开票金税卡自行完成抄税操作后，运用网上抄报税系统通过网络将报税数据传输到税务机关，由税务端网上报税系统自动完成报税数据解密、报税业务处理、发票比对等处理工作，企业再通过网络查询报税结果信息，并在报税成功、增值税"一窗式"比对通过且缴纳税款的情况下进行清卡操作。

一、网上报税和网上申报的操作流程

纳税人必须先操作防伪税控开票子系统进行抄税，然后使用网上抄报税系统进行远程报税，再操作网上申报软件发送申报数据，最后使用网上抄报税系统清卡。具体操作流程如下图所示。

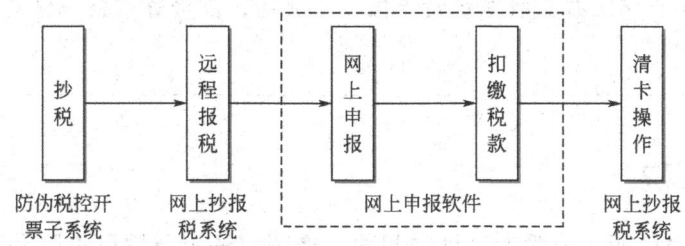

网上报税和网上申报的操作流程

（1）运用防伪税控开票子系统进行抄税。

（2）运用网上抄报税系统进行远程报税。

（3）运用网上申报软件，发送申报数据。申报成功后，查看申报结果，依据系统提示作相应处理。申报表审核成功后，税务局端自动扣缴税款。网上申报受理成功的纳税人需使用网上申报系统软件打印符合要求的申报资料一式两份，经法人代表签字并盖章确认，于申报的当月报送税务机关。

（4）如自动扣缴不成功或未存入足额的税款，待存入足够税款后，再次运用网上申报软件扣缴税款。

（5）扣款成功后，运用网上抄报税系统查询结果，系统提示报税结果为报税成功后，进行清卡操作。

二、网上抄报税的注意事项

（1）必须先操作网上抄报税系统进行远程报税，再操作网上申报软件，发送申报数据。

（2）操作网上申报软件发送申报数据后，要查看申报结果提示："增值税纳税申报表（适用于一般纳税人），申报成功，票表稽核通过！留意反馈扣款结果！"在"报表浏览"中查看银行扣款是否成功。

如系统提示"申报受理成功！您还未抄税，可选择网上抄报税或到大厅办理抄报税"，要检查是否进行远程报税，报税是否成功。企业抄税后允许再发送一次报表进行销项比对，如还提示未抄税，不允许再发送，须到国税局前台进行异常处理。

若系统提示其他提示如：

"增值税纳税申报表审核，审核失败！详细结果如下：××××"，则须根据错误提示检查报表，修改后再次发送报表。

"申报受理成功！销项稽核失败，错误：××××"，需要到主管税务机关前台进行异常处理。

如系统提示扣款不成功，则应先在扣款账户存入足够的税款，再操作网上申报软件中的"扣款请求"按钮再次发送扣款请求。

（3）操作网上抄报税系统清卡操作不成功，应检查申报一窗式比对和扣款是否成功。

三、报税

每月在报税期（一般为每月15日内，遇国家法定节假日税局另行通知）内对所需申报的税种进行申报。

（一）报税前期工作

（1）在申报期内对需缴纳的各种税款进行准确计算，列出需缴纳各税种的正确税款。

（2）对需缴纳的税款填写用款及费用报销单或内部转款单，并经各级领导审核批准。

（3）批准过的报销单转交出纳转款。

（4）填写出应报税种的纳税申报表，并打印出纸质资料（加盖企业公章，地税的综合纳税申报表还需加盖企业法人代表印章）。

（二）申报国税（国税税种为增值税、消费税和所得税）

申报国税的要求见表6-9。

表6-9　申报国税的要求

序号	项目	具体要求
1	操作程序	（1）通过企业的网上申报软件对所需申报税种进行网上申报 （2）网上申报后，携带打印出的相应纸质纳税申报表等相关资料到办税大厅窗口经税员审核，大厅税员核对无误后如有应缴的税款，会打印出缴款书以作为企业转税款的凭证 （3）缴款书上加盖预留银行印鉴（企业财务专用章和法人代表印章） （4）拿缴款书到开户行营业所转税款 （5）转款后银行工作人员退还缴款书的相应联次，第一联企业留存，其他退还的联次送还给税务机关 （6）依据缴款书的第一联编制记账凭证

续表

序号	项目	具体要求
2	国税报表所需资料（一式两份）	（1）必报资料 ①《增值税纳税申报表（适用于增值税一般纳税人）》及其《增值税纳税申报表附列资料（表一）、（表二）、（表三）、（表四）》 ② 使用防伪税控系统的纳税人，必须报送记录当期纳税信息的IC卡（明细数据备份在软盘上的纳税人，还须报送备份数据软盘）、《增值税专用发票存根联明细表》及《增值税专用发票抵扣联明细表》 ③《资产负债表》和《损益表》 ④《成品油购销存情况明细表》（发生成品油零售业务的纳税人填报） ⑤ 主管税务机关规定的其他必报资料 （2）备查资料 ① 已开具的增值税专用发票和普通发票存根联 ② 符合抵扣条件并且在本期申报抵扣的增值税专用发票抵扣联 ③ 海关进口货物完税凭证、运输发票、购进农产品普通发票及购进废旧物资普通发票的复印件 ④ 收购凭证的存根联或报查联 ⑤ 代扣代缴税款凭证存根联 ⑥ 主管税务机关规定的其他备查资料
3	注意事项	（1）以上税种如无应缴的税款，也应按时在申报期内进行零申报 （2）每月申报时把Excel表格制作的机动车开票信息表拷贝到U盘上，在报税时提醒大厅税员把此信息保存到税务机关电脑上

（三）申报地税（地税税种为除国税核定外的税种）

申报地税的要求见表6-10。

表6-10 申报地税的要求

序号	项目	具体要求
1	操作程序	（1）携带加盖过印章的综合纳税申报表（一式四份）到地税局企业科审核，审核过后企业报税人员在申报表上加盖企业报税人员印章 （2）企业报税人员拿加盖过印章的综合纳税申报表到办税大厅报税，大厅税员根据纳税申报表打印出缴款书以作为企业转税款的凭据；另外由于企业的工会经费是税务局代工会收取的，所以此款不是直接缴纳到国库，因此企业的工会经费不是打印缴款书，而是完税证（已申报完税款的凭证） （3）缴款书上加盖预留银行印鉴（企业财务专用章和法人代表印章） （4）拿缴款书到开户行转税款 （5）转款后银行工作人员退还缴款书的相应联次，第一联企业留存，其他退还的联次送还给税务机关 （6）依据缴款书的第一联编制记账凭证
2	注意事项	企业在报地税时，由于工会经费是以完税证作为完税依据，所以企业在申报工会经费时税款账户上须有足额的税款。纳税申报实行电子信息采集的纳税人，除向主管税务机关报送上述必报资料的电子数据外，还需报送纸介的《增值税纳税申报表（适用于一般纳税人）》（主表及附表）。备查资料是否需要在当期报送，由各省级国家税务局确定。

（四）申报重点税源

国家或省级税务机关为了控制税源，把纳税大户企业或规模较大的企业认定为重点税源企业，以此来实行税款和税源的及时监控。每月在税务申报期内，企业报税人员不仅要及时申报税款，更要对企业的申报税源和税款进行分析和申报，以完成本月最基本的整个报税工作。申报重点税源所需资料。

（1）企业信息表。

（2）企业税务表。

（3）企业工业产品表。

（4）企业财务表（季度申报）。

（5）企业重点税源分析报告。

以上所需资料为一式三份，一份企业留存，一份国税局计财科重点税源管理人员留存，一份地税局计财科重点税源管理人员留存。此外，每月还须把电子版的重点税源分析报主管税员处。

第四节　税务检查

税务检查（包括税务稽查），是税务机关根据国家税收法律、法规以及财务会计制度的规定，对纳税人是否正确履行纳税义务的情况进行检查和监督，以充分发挥税收职能作用的一种管理活动。

一、税务检查的内容

税务检查的内容主要包括以下几个方面。

（1）检查纳税人执行国家税收政策和税收法规的情况。

（2）检查纳税人遵守财经纪律和财会制度的情况。

（3）检查纳税人的生产经营管理和经济核算情况。

（4）检查纳税人遵守和执行税收征收管理制度的情况，查其有无不按纳税程序办事和违反征管制度的问题。

二、税务检查的方法

税务机关进行税务检查时，常用的方法见表6-11。

表6-11　税务检查的方法

序号	方法	详 细 内 容
1	税务查账	税务查账是对纳税人的会计凭证、账簿、会计报表以及银行存款账户等核算资料所反映的纳税情况所进行的检查。这是税务检查中最常用的方法
2	实地调查	实地调查是对纳税人账外情况进行的现场调查
3	税务稽查	税务稽查是对纳税人的应税货物进行的检查

三、企业如何应对税务检查

当税务局要来企业检查时，财务部人员首先要弄清楚，来的是国税局的，还是地税局的，两种税务局的检查要求是不一样的。

（一）国税局的检查

如果是国税局的，那就是主要检查增值税及所得税的计缴情况，具体的税种及应准备应对的问题见表6-12。

表6-12　国税局检查的税种及应准备应对的问题

序号	税种	应准备应对的问题与资料
1	增值税	（1）本年度的销售收入 （2）销项税额分月总计 （3）进项税额分月总计 （4）进项税额转出数的分月总计 （5）是否有留抵税额 （6）本年度应缴增值税 （7）本年度已缴增值税 （8）是否有欠缴税款现象 （9）每个月的进项抵扣联 （10）每个月的发票使用明细表 （11）每个月的应缴增值税申报表 （12）计算一下本年的税负率（本年应交增值税÷销售收入） （13）看一下去年全年的税负率 （14）如果今年税负率低于去年的税务率，应该考虑一下原因，并准备一个书面的说明书
2	所得税	根据《中华人民共和国企业所得税法》及其实施条例对照一下自己企业的财务情况，主要有以下几个问题 （1）是否有计税工资已提未发现象（如有会让税务局贴作利润而补缴所得税） （2）临时工工资问题：按照人数与工资同口径计算 （3）向非金融机构借款时的利息率是多少（税务上的标准是6.39%，低于这个标准可按实列支） （4）关联交易是否公允

159

续表

序号	税种	应准备应对的问题与资料
2	所得税	（5）企业提而未缴的工会费，不得税前扣除（对没有设工会组织的企业，可凭工会专用凭证按标准照实列支） （6）业务宣传问题：没有广告专用发票的广告支出，不能税前扣除 （7）劳保用品：劳保服装按照不超过500元／年·人的标准，现金发放劳保一律不予认可 （8）业务费开支是否超过标准 （9）人均工资支出是否有重大异常，是否超过当地税务部门的统一标准 （10）其他应付款和预提费用科目中是否有多计成本费用的现象 （11）其他当地税务部门作为重点检查的内容 （12）是否存在白条入账的情况 （13）对收入、成本、费用是否核算正确

（二）地税局的检查

如果是地税局的，那就是主要检查营业税及个人和其他小的税种的计交情况。还有发票的使用及管理情况，具体的税种及应准备应对的问题见表6-13。

表6-13　地税局检查的税种及应准备应对的问题

序号	税种		应准备应对的问题
1	个人所得税		（1）对职工的各项补助是否按正常计入应税所得 （2）对超过计税工资的部分是否代扣了个税 （3）每月个税是否按时缴纳？把每月的纳税申报表汇总装订起来 （4）对职工的年终奖及单项奖是否代扣了个税 （5）对于其他非货币性福利是否纳入应税所得 （6）是否存在以其他发票冲账的情况 （7）其他应扣应缴的情况
2	营业税	文化体育业	（1）是否将属于计税营业额的收入挂在往来账目，如茶艺园保证金、铺位租赁管理费等不申报纳税 （2）门票收入与赠票是否全额申报纳税 （3）收取合作企业固定利润分成收入是否申报纳税 （4）以租赁方式为外单位提供文化活动、体育比赛场所取得的租赁收入是否按"服务业——租赁业"税目申报纳税
		旅店业	（1）营业收入明细账是否已将所有的经营收入完整登记入账，要与营业收入日报表、收款凭证相核对 （2）将发票存根联与营业收入账核对，是否将已开出发票但未收到款的营业收入不纳入计税营业额，不申报纳税。如收取长包房租金、包车租金 （3）"营业收入"账户贷方是否以红字冲减旅客住宿使用信用卡结算而支付给银行的信用卡手续费、介绍旅客住宿的费用 （4）企业附设的娱乐场所：如歌厅、舞厅、卡拉OK歌舞厅、音乐茶座、台球、保龄球场、游艺场等娱乐场所，向客人收取门票、台位费、点歌费、酒水、饮料和小食品等收费，是否按"娱乐业"税目申报纳税 （5）企业附设的收费停车场取得的收入是否申报纳税

续表

2	营业税 饮食业	（1）将出纳收银的原始账单（水单）与营业收入日报表和交款凭证相核对，是否瞒报营业收入 （2）是否出租房屋给外单位经营，取得租金收入未申报纳税 （3）是否取得与外单位联营的固定利润分成未申报纳税 （4）企业的"坐支"是否申报纳税
3	其他小税种	包括城建税、教育费附加、土地使用税、车船税、印花税等

一般情况下，在实施税务稽查之前，税务机关会提前发出《税务检查通知书》并附《税务文书送达回证》通知给被查纳税人。那么，企业就要充分利用纳税检查之前的这一段时间，从年初开始对企业上1年度的纳税情况进行一次较为全面的自查。如发现有问题，应当及时纠正过来，以避免不必要的税务处罚和税务负担。

四、税务专项检查中维护自己的合法权益

税务专项检查不同于日常检查，税务专项检查在检查范围、检查力度、监督管理、定性处理等方面，其标准和要求将会更高，检查将会触及企业的各个方面和层次，通过检查将会暴露出企业隐含的诸多涉税问题。对于税务专项检查，被查企业应当高度重视，并采取必要的应对措施，切实维护自己的合法权益，尽量减少经济损失。

（一）查前做好自查自纠工作，尽早排除涉税风险

企业要充分认识到税务专项检查的严肃性和紧迫性，不应当抱有任何侥幸心理，而应当未雨绸缪，提前做好充分准备，积极应对即将面临的税收专项检查。对企业可能存在的涉税问题，切不可听之任之，最终造成严重的经济损失。而应当尽早着手，在接受税务检查之前，根据企业自身的生产经营特点、财务核算情况和纳税申报情况，依据有关税收法律、法规的规定，认真排查企业可能存在的涉税风险点，积极做好自查自纠工作，尽量采取补救措施，提前排除有关涉税风险，以便轻松迎接即将来临的税收专项检查。

（二）要审查税务检查的合法性，要求有利害关系的检查人员回避检查

税务机关在对企业进行检查时，都要依法向企业下达正规的《税务检查通知书》，检查应当由两名以上检查人员共同实施，并向被查对象出示《税务检查证》。因此，如果检查人员没有依法下达《税务检查通知书》，或者没有出示《税务检查证》，企业就可以拒绝检查，以防止个别人员滥用检查权利，侵害企业的利益。

如果被查企业与检查人员存在利害关系，担心检查人员滥用职权、趁机对企业进行打击报复，被查企业可以向该税务稽查局要求相关检查人员回避。尽管是否回避的最终决定权在稽查局局长，但是如果有利害关系的检查人员没有回避，并且检查人员存在滥用职权、故意打击报复的行为，给企业造成了经济损失，被查企业可以收集相关证据，以备将来依法行使陈述申辩、听证、复议和诉讼的权利，维护企业的合法权益。

（三）积极陈述申辩，提供有关资料，尽早澄清事实

被查企业通常都是在收到《税务行政处罚事项告知书》之后才进行陈述申辩，其实在税务机关作出处罚决定之前，随时都可以陈述申辩。并且不仅可以在查后对拟处罚决定进行陈述申辩，而且在查中就可以对涉税问题进行陈述申辩。被查企业如果对检查人员认定的某项违反事实有异议，应当尽可能同时提供不同的证据和依据，争取双方在将案件移交到审理环节之前就澄清事实，尽早避免错案发生，减少经济损失；另外，被查企业如果对既成偷税行为不是主观故意，也可以在陈述申辩的时候讲明情况，请求税务机关能够给予最低额度的罚款，以便争取将损失降到最低程度。

（四）对违法取得的证据，不予认可涉及的违法事实

《中华人民共和国税收征收管理法》（以下简称《税收征收管理法》）规定，税务稽查人员调查取证时，不得违反法定程序搜集证据材料；不得以偷拍、偷录、窃听等手段获取侵害他人合法权益的证据材料；不得以利诱、欺诈、胁迫、暴力等不正当手段获取证据材料。在法律上，违法取得的证据不能作为定案的依据，被查企业对涉及的违法事实可以不予认可。如果将来税务机关依据这些证据进行处理、处罚，被查企业可以依法要求听证、复议或诉讼，以避免给企业造成损失。

（五）认真审核《税务检查工作底稿》，慎重签署企业意见

《税务检查工作底稿》是检查人员对违法事实所涉及的业务情况和数据进行的描述，也是证据的组成部分。因此，企业对《税务检查工作底稿》要慎重对待，不能草率签下"情况属实"的字样，在上面签署意见之前要首先根据《税务检查工作底稿》上所涉及的业务和数据，查找企业相关的会计资料，认真核实，务求准确，然后再根据核对的情况签署企业的真实意见。

（六）可以采取预缴涉案税款，尽量减少经济损失

在税务检查中，税务检查人员只要发现被查企业有未按期缴纳或者解缴税款

的行为，就必须要根据《税收征收管理法》的规定对少缴纳的税款加收万分之五的滞纳金。虽然滞纳金在计算比例上是很低的，但是如果滞纳税款的时间较长，就可能对滞纳金累积成一个很大的数额。

税务检查人员从查出涉案税款到最终下达《税务处理决定书》，必须严格按照稽查规程履行一系列检查工作程序，这个过程需要一段时间，这样必然要延长滞纳税款的时间。

因此，被查企业在检查中要积极、主动地与税务检查人员进行沟通，沟通的目的不仅是要及时澄清一些非违法问题，而且还可以从中了解在检查中所涉嫌的违法问题的情况。被查企业对于税务机关查出的税款，如果在将来可能的听证、复议和诉讼中胜算把握不大，其滞纳的每一天都要加收不菲的滞纳金，被查企业就应当考虑在收到《税务处理决定书》之前，甚至在检查过程中就尽早缴纳有关税款，以尽量缩短滞纳税款的时间，争取少加收滞纳金的结果。被查企业在检查中就预缴涉案税款，也是积极配合检查的态度，还可以争取税务机关酌情对违法行为从轻处罚。

（七）依法行使权利，不要错过时机

被查企业除享有陈述申辩权利之外，对罚款还享有听证、复议和诉讼的权利，对税款和滞纳金享有复议和诉讼的权利，行使这些权利都有时间上的限制，被查企业在相继收到的《税务行政处罚事项告知书》、《税务处理决定书》和《税务行政处罚决定书》上都有告知行使相关权利的途径、条件和期限，如果被查企业对其中的事项有异议，切记不要错过行使相关权利的最佳时机。

（八）被强制执行，要防止财产非正常损失

被查企业如果未按照规定的期限缴纳或者解缴税款，经责令限期缴纳而逾期仍未缴纳的；或者对罚款逾期不申请行政复议也不向人民法院起诉、又不履行的，税务机关可能要依法采取强制执行措施。在这个过程中，被查企业虽然处于被强制执行的不利地位，但仍要关注企业的正当权益不能受到侵害。

（1）扣缴存款不能超过应纳税款、罚款和滞纳金的总金额。

（2）税务机关在对财产进行变现时，要按照法定的变现顺序进行，不能随意选择处理财产的方式，造成低价处理财产，使被查企业蒙受额外经济损失。

（3）拍卖或者变卖所得抵缴税款、滞纳金、罚款以及拍卖、变卖等费用后，剩余部分应当退还被执行人。

如果税务机关采取强制措施不当，给被查企业造成了经济损失，被查企业可以进行复议或诉讼，要求税务机关对造成的损失进行赔偿。

第七章

开办公司法律风险防范

企业要防范控制法律风险，首先是要老板的重视，这是企业是否能够正确处理法律风险的关键。企业应当建立法律风险的防范和控制的制度，法律风险是专业风险，是可预防、可避免的风险，是企业在生产经营中违反法律、违反合同约定造成的风险，是一种可预见的风险。

第一节　了解企业创办的法律环境

新办一个企业应该了解相关的法律法规，以使自己合法地经营。

国家制订了各类有关的法律法规，是规范公民和企业经济行为的准则，具有权威性、强制性、公平性。

一、与新办企业直接有关的基本法律

依法办事是公民和企业的责任。与新办企业直接有关的基本法律有：《中华人民共和国企业法》（以下简称《企业法》）、《中华人民共和国民法通则》（以下简称《民法通则》）、《中华人民共和国合同法》（以下简称《合同法》）、《中华人民共和国劳动法》（以下简称《劳动法》），具体的内容见表7-1。

表7-1　与新办企业直接有关的基本法律

序号	法律名称	相关基本内容
1	《企业法》	公司法、个人独资企业法、合伙企业法、个体工商户管理条例、中外合资合作企业法、乡镇企业法等
2	《民法通则》	个体工商户、农村承包经营户、个人合伙企业、企业法人、联营、代理、财产所有权、财产权、债权、知识产权、民事责任等
3	《合同法》	一般合同的订立、效力、履行、变更和转让、权利义务终止、违约责任等。具体合同如：买卖、借款、租赁、运输、技术、建设工程、委托等
4	《劳动法》	促进就业、劳动合同和集体合同、工作时间和休息休假、工资、职业安全卫生、女职工和未成年工特殊保护、职业培训、社会保险和福利、劳动争议、监督检查等

二、与企业相关的其他法律

与企业相关的其他法律有《中华人民共和国会计法》（以下简称《会计法》）、《中华人民共和国税收征收管理法》（以下简称《税收征收管理法》）、《中华人民共和国产品质量法》（以下简称《产品质量法》）、《中华人民共和国环境保护法》（以下简称《环境保护法》）、《中华人民共和国反不正当竞争法》（以下简称《反不正当竞争法》）、《中华人民共和国保险法》（以下简称《保险法》）、《中华人民共和国消费者权益保护法》（以下简称《消费者权益保护法》）。

特别提示 ▶▶▶

办企业将涉及诸多相关法律，遇到与法律规定有关的事情，就去参阅有关法律文章。学会通过网络学习法律。自己实在搞不明白的问题就向律师咨询。

第二节　了解企业创建的法律形式

我国企业是按所有制的标准进行分类的，《民法通则》将企业分为以下几种。
（1）全民所有制企业。
（2）集体所有制企业。
（3）外资企业。
（4）私有企业。
（5）个体工商户。
国际上的通行标准是根据企业投资者的出资方式和责任形式的不同而对企业进行分类。通常可分为：独资企业、合伙企业、公司企业。

一、个人独资企业

2000年1月1日起施行《中华人民共和国个人独资企业法》（以下简称《个人独资企业法》）。

（一）概念

所谓个人独资企业，是指依照《个人独资企业法》在中国境内设立，由一个自然人投资，财产为投资人个人所有，投资人以其个人财产对企业债务承担无限责任的经营实体。

（二）法律特征

（1）独资企业的出资人为一个自然人。
（2）独资企业的全部财产为投资人所有。
（3）独资企业以投资人的全部个人财产对企业的债务承担无限责任。

（三）设立条件

（1）投资人为一个自然人。

(2) 有合法的企业名称。
(3) 有投资人申报的出资。
(4) 有固定的生产经营场所和必要的生产经营条件。
(5) 有必要的从业人员。

(四) 设立程序

个人独资企业设立时,应到所在区域的工商行政管理部门进行登记注册,递交设立申请书。工商行政管理部门应自收到设立申请文件之日起15日内,对符合《个人独资企业法》规定条件的给予登记,发给营业执照;营业执照的签发日期就是该企业的成立日期。

二、合伙企业

我国最新的一部《中华人民共和国合伙企业法》(以下简称《合伙企业法》)于2007年6月1日起施行。

(一) 概念

所谓合伙企业,是指自然人、法人和其他组织依照《合伙企业法》在中国境内设立的普通合伙企业和有限合伙企业。

普通合伙企业由普通合伙人组成,合伙人对合伙企业债务承担无限连带责任。

有限合伙企业由普通合伙人和有限合伙人组成。普通合伙人对合伙企业债务承担无限连带责任,有限合伙人以其认缴的出资额为限对合伙企业债务承担责任。

(二) 法律特征

(1) 由两个以上的投资人共同投资兴办。
(2) 合伙人以合伙协议确定各方出资、分享利润和承担债务的份额。
(3) 合伙人对合伙债务承担无限连带清偿责任。

(三) 设立条件

(1) 有两个以上合伙人。
(2) 有书面合伙协议。
(3) 有合伙人认缴或者实际缴付的出资。
(4) 有合伙企业的名称和生产经营场所。
(5) 法律、行政法规规定的其他条件。

（四）设立程序

合伙企业设立时，到所在区域的工商行政管理部门提交登记申请书、合伙协议书、合伙人身份证明等文件，工商行政管理部门自收到申请登记文件之日起20日内，作出是否准予登记的决定。对符合规定登记条件的，发给营业执照；合伙企业的营业执照签发日期，为合伙企业成立日期。

三、公司

我国最新的一部《公司法》自2014年3月1日起施行。

在我国，公司是指按照法律由股东投资而设立的以营利为目的的企业法人。公司的法律特征是：依法设立、以营利为目的、由股东投资、是企业法人。

公司有两种形式：股份有限公司和有限责任公司。

（一）股份有限公司

股份有限公司是指全部资本分为等额股份，股东以所持股份为限对公司承担责任，公司以其全部资产对公司债务承担责任的法人。

（二）有限责任公司

有限责任公司是指由一定人数的股东组成，股东以其出资额为限对公司承担责任，公司以其全部资产对公司债务承担责任的公司。

1. 有限责任公司的设立条件

（1）股东符合法定人数。由50个以下股东出资设立。

（2）新公司法取消了法定资本最低限额，公司的注册资本为在公司登记机关登记的全体股东认缴的出资额。

（3）股东共同制订公司章程。

（4）有公司名称，有符合有限责任公司要求的组织机构。

（5）有固定的生产经营场所和必要的生产经营条件。

2. 有限责任公司的设立程序

（1）订立章程。股东应当在公司章程上签名、盖章。

（2）缴纳出资。股东应足额缴纳其承诺的出资数额。

（3）申请设立登记。由代表或者代理人向公司登记机关报送公司登记申请书、公司章程、验资证明等文件。

（4）公司成立。营业执照的签发日期为该有限责任公司的成立日期。

（5）向股东签发出资证明书。出资证明书由公司盖章。

第三节　开办企业的法律风险防范

一、具备法律意识，承担法律后果是老板的责任

开公司是开展一项事业，有一定难度，有较大的风险，所以需要有法律进行保障。作为一个老板，理当了解与开公司有关的法律知识，具有法律意识以及寻找法律资源帮助的渠道。在实践中，常见许多老板在风险和利益同时存在的情况下，没有法律风险意识，不去找律师咨询，而是以赌博意识、投机心理和冒险行为替代理性的法律思维，以致造成一些惨痛的教训。

所谓法律意识，应该遵循"事先"和"及时"两条原则。

（一）事先原则

事先原则即在经营活动时，比如最常见的签订合同，最起码要了解合同法的有关内容；同时，要向专业人员进行咨询。如果可能，还应该咨询更多的人士，以求获得最完整的解决方案；在出现法律问题或经济纠纷时，首先要冷静，在完全了解法律规定之前，不要用法律以外的方式解决，以免错上加错。

（二）及时原则

及时原则即在出现问题后，不要认为自己是弱者，而忽略了自己事先应有的防范和事后应当采取的及时补救措施。在市场经济体制下，完善的法律是公平竞争、合法经营的重要前提，遵守法律是进入市场的最基本的游戏规则，老板应当及时采取法律手段对出现的问题进行补救。

二、选定创业企业的法律形态

在市场经济条件下，任何企业的经营行为本质上都是一种法律行为，必须得到法律的认可，法律才能依法给予有效的保护。如你开办一家公司，那么你首先要依照公司法的有关规定，到工商行政管理机关进行登记，领到营业执照后，才能正式取得法人资格，得到法律认可。只有这样办妥了一切手续之后，法律才能够依法有效地保障企业经营者的合法权益，创业者才能开始进行一切创业活动。因此，作为创业者来说要保证自己创业事业的成功开始乃至辉煌，从一开始就必须有强烈的法律意识。首先从整体上对法律有一种认识与把握，认清楚开办企业与法律两者之间的一系列关系。

（一）企业组织形式选择的法律风险及其规避

进行创业，首先应该根据投资额、合作伙伴、所进入的行业等情况成立一个组织形式并进行工商登记。这就需要进行组织形式的选择。一般而言，所能选择的企业组织形式包括个体工商户、个人合伙、个人独资企业、合伙企业、有限责任公司等形式。不同的企业组织形式自身所存在的法律风险是不一样的。

首先，创业者对不同的创业组织形式债务承担的法律责任不同。

个体工商户、个人合伙、个人独资企业的投资者，对该组织形式的债务承担无限责任或者无限连带责任。

合伙企业的投资者在我国《合伙企业法》修改之前，对合伙企业的债务承担无限连带责任，而2006年8月27日修订通过的新《合伙企业法》，普通合伙企业的合伙人、有限合伙企业的普通合伙人对合伙企业承担无限连带责任；而有限合伙企业的有限合伙人则以其认缴的出资额为限对合伙企业债务承担有限责任；我国《公司法》规定，普通有限责任公司的股东也是以其认缴的出资额为限对公司债务承担有限责任，《公司法》还规定了一人有限责任公司。由于我国尚没有个人破产法律制度，一旦老板对企业组织形式的债务承担无限或者无限连带责任，且该组织的债务又是比较庞大的话，则老板不但将倾家荡产，并且因还债的巨大压力无法重新开业。

因此，在选择企业组织形式时，如果选择的是个体工商户、个人独资企业等组织形式，应尽量控制该组织的资产负债率。由于你自己说了算，因此能够完全控制住资产负债率；如果选择的是个人合伙、普通合伙等组织形式，由于人和人的因素，你可能无法控制住该组织的债务规模，如果有"共苦易、同甘难"的顾虑，难以选择有限责任公司的合作股东，可以设立一人有限责任公司，发展壮大后如有需要再变更企业组织形式。

（二）有限责任公司的出资

股东出资是不是仅指用货币呢？不，新公司法规定，股东可以用货币出资，也可以用实物、知识产权、土地使用权等可以用货币估价并可以依法转让的非货币财产作价出资。

（三）有限责任公司的组织机构

有限责任公司的组织机构按法律规定必须由股东会、董事会（或执行董事）、监事会（或监事）组成。

1. 股东会

股东会是公司的必设机关，是公司的最高权力机关，由全体出资的股东组成。股东会决议由股东按照出资比例行驶表决权。

2. 董事会

董事会是公司的业务执行和经营意思决定机关,对股东会负责。董事长是公司的法定代表人,对外代表公司。董事会决议的表决,实行一人一票。总经理由董事会聘任或解聘,对董事会负责,管理公司日常事务。

3. 监事会

监事会是公司的监察机关,负责检查公司的财务状况,监督董事、经理执行公司职务时的违法行为。

(四)公司章程的重要性

公司章程是股东之间制订的法律,规定公司的名称、住所、经营范围、注册资本,股东名称、权力、义务、出资方式和出资额,转让出资的条件,公司的机构及其产生办法、职权、议事规则等。公司章程必须全体股东共同决定并且全部一致通过方可。在公司设立或股权变动时就要注重公司章程的设计、起草。公司章程之地公司,犹如宪法对于国家一样重要。公司章程是解决股权纠纷的依据,也是预防矛盾的有效手段,章程中没有涉及的才按照法律规定处理。公司章程并不仅仅是从工商局网站上下载一个那么简单,比如章程约定"股东会决议由代表三分之二以上股权的表决权通过为有效",那么,是否包括三分之二这个基本数呢?因此你一定要了解自己所签文件的法律后果,事先咨询律师,并保存所有生效的法律文件,一旦出现纠纷,可有效维权。

(五)营业执照

常见的营业执照有《企业法人营业执照》、《营业执照》两种。前者是取得企业法人资格的合法凭证,有限公司即属此类;后者是合法经营权的凭证,不具备法人资格的个体工商户、个人独资企业和合伙企业核发该种执照。《企业法人营业执照》的登记事项为:名称、地址、法定代表人、注册资金、经济成分、经营范围、经营方式等。《营业执照》的登记事项为:名称、地址、负责人、资金数额、经济成分、经营范围、经营方式、从业人数、经营期限等。营业执照分正本和副本,二者具有相同的法律效力。正本应当置于公司住所或营业场所的醒目位置,营业执照不得伪造、涂改、出租、出借、转让。领取营业执照后,并不能马上开业,还必须办理以下事项。

(1)刻制印章。

(2)法人组织机构代码登记。

(3)开立银行账户。

(4)申请纳税登记。

(5) 到工商所办理备案手续。
(6) 领取购买发票。

（六）工商年检

由公司登记机关依法按年度对公司进行检验，确认公司法人继续经营资格的法律制度。新开业的企业法人要自下1年度起参加企业年检。年检的起止日期以工商管理机关通知为准，深圳特区惯例为每年3月1日到6月30日。不按时参加年检，可能承担高额行政罚款。经工商行政管理机关催告后仍未年检的，可能会被吊销营业执照，营业执照登记业主的个人身份可能会被锁定而无法办理其他任何工商登记事项。

三、风险投资的法律分析

"种子基金"、"风险投资"、"创业板"、"NASDAK股票市场"，每个尝试创业的人都会被各种媒体上的狂轰滥炸冲得晕头转向，但仍然对风险投资的事拿不准，但又非常想引入风险投资，于是就向律师咨询：我可以引进风险投资吗？风险投资有什么作用？

（一）什么是风险投资

风险投资（Venture Capital），也称创业投资，是指金融资本投入到新兴的、迅速发展的、有巨大竞争潜力、有融资需要的企业（特别是中小型企业）中的一种股权资本。

（二）风险投资的选择

从法律角度分析，风险投资并不那么神秘，它实际上就是一种股权融资。风险投资按照引入阶段的不同可以分为公司注册前引入和公司成立后引入。在法律上看，前者实际上是引入一名股东，风险投资资金就是其出资，因为大多数风险投资都是注入创业企业，因此双方在引资前必须协商好注册资本的份额，确定股权的分配。如果你在起步阶段保守技术或商业秘密，确保自己控股，那就得掂量一下是否需要股权融资了。

如果创业者想在引进风险投资的同时确保自己的经营自主权，可以通过投资协议来约定风险投资所代表的股本不具有经营决策表决权。后者涉及的是公司注册资本的登记变更问题，通俗地讲就是增资扩股。

目前就我国的法律环境来说，风险投资属于新生事物，相关的法律还不够系统、完善。但是风险投资能够有效配置资源，促进企业跨越式发展，在我国的发展势在必行,这也是风险投资全球化的大势所趋。因此,在引进风险投资时要注意咨询律师等专家意见,关键是订立好协议,分清投资何时进来、何时推出,进来什么条件、退出什么条件。

四、与劳动者订立劳动合同,尊重职工的权益

劳动合同是劳动者与企业签订的确立劳动关系、明确双方权利和义务的协议。订立劳动合同对双方都产生约束,也是解决劳动争议的法律依据。

(一)法律规定上需要注意的几点

(1)超过一个月还没签订劳动合同的,自超过一个月起至签订劳动合同之日算,每月支付双倍工资。

用人单位自用工之日起超过一个月不满1年未与劳动者订立劳动合同的,向劳动者支付每月两倍的工资,并与劳动者补订书面劳动合同。用人单位向劳动者每月支付两倍工资的起算时间为用工日起满一个月的次日,截止时间为补订劳动合同的前一日。

(2)用工超过1年的,分两步算,第一个满一个月至满1年的时间支付双倍工资;满1年后的,法律推定已经订立无规定期限的劳动合同了。

(3)劳动者提供虚假个人资料的,用人单位应当保留证据,因为可以随时合法单方面解除劳动合同。

《中华人民共和国劳动合同法》(以下简称《劳动合同法》)第七条规定的职工名册,应当包括劳动者姓名、性别、公民身份证号码、户籍地址及现住址、联系方式、用工形式、用工起始时间、劳动合同期限等内容。劳动者以欺诈、胁迫的手段或乘人之危,使用人单位在违背其真实意思的情况下订立或者变更劳动合同的;用人单位可以与劳动者解除劳动合同。

(4)员工犯错误违反公司规章制度的,可以要求其写检讨或悔过书,用人单位保留好证据,可以合法解除劳动关系。

 特别提示 ▶▶▶

用人单位可以与劳动者解除劳动合同而无需经济补偿的几种情形。
(1)劳动者严重违反用人单位的规章制度的。
(2)劳动者严重失职,营私舞弊,给用人单位造成重大损害的。
(3)劳动者同时与其他用人单位建立劳动关系,对完成本单位的工作任务造成严重影响,或者经用人单位提出,拒不改正的。

（5）关于时效的规定。除劳动者能够对2年前加班的事实进行依法举证外，加班费的补发适用2年时效的限制，对超过2年部分的加班工资一般不予保护，时效自争议发生之日计算。

员工要求用人单位为其补交养老保险费，补交期限为自诉求之日起往前推算2年。用人单位应当缴纳劳动保险费本金及银行同期利息，如有滞纳金罚则还应补交相应滞纳金。

（二）避免与劳动者发生劳资纠纷承担不利后果

企业要尽量避免与劳动者发生劳资纠纷，以免承担不利后果，尤其要注意表7-2所列的各方面。

表7-2 与劳动者发生劳资纠纷的风险与应对措施

序号	法律风险	措施
1	劳动者工作年限、用人单位解除劳动合同的合法性、劳动者工资数额、考勤记录的真实性，由用人单位承担举证责任	用人单位必须重视并完善员工档案管理工作，比如公司制订的规章制度、职工的档案资料、考勤记录、工资发放记录、缴纳社会保险记录、绩效考核记录、奖惩记录等。尤其是考勤记录及工资表，都必须经劳动者确认才生效，即使是电子考勤记录也必须经劳动者确认，最有效的确认方式是由劳动者本人签字。实务中，这些档案记录对用人单位是有利的，要注意搜集、保管。比如，用人单位不能证明劳动者的确切入职日期时，将推定劳动者主张的入职日期成立
2	仲裁由60天改为1年，较之旧劳动法延长了离职员工的仲裁时效，增加了用人单位的法律风险	（1）用人单位对离职员工的档案必须保留至少2年，考虑到时效中断或终止的因素，建议用人单位对离职员工的档案应至少保留3年 （2）用人单位在提出与员工解除劳动合同时，最好采用书面协议的方式，约定双方离职后不存在任何争议，以防范员工在离职后1年内对用人单位提起劳动仲裁
3	部分劳动争议案件仅规定对用人单位"一裁终局"，限制了用人单位诉权，用人单位应重视劳动仲裁工作	一裁终局仅限制用人单位，用人单位在这些案件中一旦仲裁阶段败诉将失去通过法院再扳回来的可能性。这就要求用人单位首先必须重视劳动仲裁，做好充分准备。之前认为劳动仲裁只是走个形式，等到法院阶段才是真正开始审理的想法应当转变。其次，对于一裁终局的案件，在仲裁阶段均由律师把关、设计应对思路尤为重要

五、依法纳税，掌握基本税收知识

提高税收意识、依法纳税、合理避税。避税不是逃税，而是根据企业的实际情况在不违反税法的前提下尽可能的少纳税，用足用好税法和税收征管部门发布或实行的优惠政策。具体细节可以咨询税务师或税收征管部门。

(一)税收的种类

流转税和所得税是两个基本税种。流转税主要包括增值税和营业税。所得税主要包括企业所得税和个人所得税。

(二)税收优惠政策

国家和地方还制订了一些税收优惠政策,例如:特殊商品(粮食、食用植物油、煤气、沼气、居民用煤制品、图书、报纸、杂志、饲料、农药、化肥、农机、农膜等)增值税率为13%;老、少、边、穷地区企业,高新技术企业可以根据情况减免税收;下岗失业人员从事个体经营、合同经营和组织起来就业的,或者企业吸纳下岗失业人员和安置富余人员的,可以根据情况减免税收。

税收优惠措施具有很强的政策性、时效性,不同时间、不同地区具体的优惠政策不同,创业者应当通过咨询税务师等专业人士来尽可能地享受优惠,降低创业成本。

六、社会保险和商业保险

(一)社会保障属于强制保险

国家的社会保险法规要求企业和职工都要参加社会保险,按时足额缴纳社会保险费,使员工在年老、生病、因公伤残、失业、生育的情况下得到补偿或基本的保障。为职工办理社会保险是强制性的。

如果用人单位和劳动者协商一致不予办理社会保险。是否有效?无效,因为劳动合同法调整的是劳动法律关系,不是民事法律关系,不以双方当事人协商一致为基础。

(二)商业保险属于非强制保险

经营一个企业总会有风险。不同的企业,风险自然不一样。企业为了保险,一旦发生了问题,员工和企业的利益可以得到可靠的经济保障。例如高危险的行为尤其需要保险。

企业的商业保险通常包括资产保险和人身保险两大类。企业最大的风险是员工的损失,高危职业要注意购买人身意外伤害保险,因为工伤的认定的条件比较苛刻。

七、特许经营、加盟连锁的创业形式涉及的法律问题

开办企业的经营项目现在已经多到了眼花缭乱的地步,分类的方式也有很

多种。个人创业以经营方式划分为:自产自销、代购代销、批发、零售(包括餐饮)、运输、中介咨询服务等。其中,零售是大多数创业者的选择。而零售中,加盟是目前最火爆,也是问题最多的领域之一。

(一)连锁店的三种类型

连锁店有三种类型,如图7-1所示。

类型一 ▶ 直营连锁店,即由公司总部直接投资、经营管理的连锁店。这种方式对于创业者是根本插不进去的

类型二 ▶ 自由连锁店,是由一个总部和多个加盟店结合而成的经济事业体,各店是独立法人,只是在部分业务范围内合作经营。这种方式目前在中国还不普遍

类型三 ▶ 特许加盟店,是总部和加盟店之间靠合约结合起来的连锁形式。即特许经营,是目前被广泛运用的连锁形式

图7-1 连锁店的三种类型

特许经营方式是双赢的方式,对特许人来说:是可以用别人的钱和经营场所进一步发展自己的品牌;对受许人或被特许人来说,是在别人的帮助下,用别人的赚钱方式赚自己的钱。上述是合作愉快后的预期或应有效果,也是这种经营方式存在以及能发展壮大的根本理由,所以特许经营被誉为"成功率最高的创业模式"之一。

但是有机遇就必定有风险,机遇越多,风险也就越大。特约经营既然是"挡不住的诱惑",那么它背后必定就有"躲不过的风险",要特别注意防范法律风险。

(二)被特许人应防范的法律风险

客观地说:风险是双方面的,特许人和被特许人都有可能在纠纷中成为过错方或违约方,但从创业的身份出发,这里着重讨论"被特许人应防范的法律风险"。

1.确定所加盟的品牌

如何选择你想加盟的品牌,判断特许人情况介绍的真实性呢?为了揭制频发的特许经营欺诈案件,国务院颁发了《商业特许经营管理条例》,核心内容包括准入、特许人备案以及信息披露等制度。

(1)特许人的准入标准。特许人从事特许经营活动应当拥有成熟的经营模式,并具备为被特许人持续提供经营指导、技术和业务培训等服务的能力。特许人从事特许经营活动应当拥有至少2个直营店,并且经营时间超过1年。这就

是业内所说的2+1标准。

（2）特许人备案。特许人应当自首次订立特许经营合同之日起15日内，向商务主管部门备案。在省、自治区、直辖市范围从事特许经营活动的，应当向所在地省、自治区、直辖市人民政府商务主管部门备案；跨省、自治区、直辖市范围从事特许经营活动的，应当向国务院商务主管部门备案。

备案到哪查？商业特许经营的备案工作实行全国联网，符合规定的特许人，都应当通过国家商务部和省级商务主管部门政府网站进行备案。

（3）特许信息披露。法律规定特许人应当在订立特许经营合同之日前至少30日，以书面形式向被特许人提供特许信息。特许人隐瞒有关信息或者提供虚假信息的，被特许人可以解除特许经营合同。

造成所谓"加盟陷阱"的根本原因在于信息的不对称。特许人在想什么，你不知道；特许人曾经做过什么，正在做什么以及将要做什么，你不能全部知道。对特许信息把握不准的，应当咨询相关专家和律师，尽量减小信息的风险。

2.签订加盟合同或特许经营合同

北京、上海等大城市的特许经营行业协会曾经设计过《特许经营合同范本》，创业者可以从网上下载后参考借鉴。实践中，特许经营合同均由特许人提供，每个特许人提供的格式合同可能都不同。根据谈判地位的不同，有的允许受许人修改，有的不允许受许人修改。创业者在签订加盟合同时需要注意以下几点。

（1）你能提前拿到特许人的特许经营合同文本，所以最好的方式是：先把自己最关心、最担心的问题以书面方式记录下来，然后把合同文本以及你所罗列出来的问题拿到律师那里，请他帮你参谋、解析、修改。

（2）在合同中写明：特许人在签订合同之前，向被特许人提供的书面信息材料有具体哪些，这些材料是本合同的附件。

（3）防止商圈保护陷阱：你在合同约定的商圈内他不能发展其他加盟商。但如果特许人真的认为你的商圈好的话，他还是可以开直营店啊。合同中要把这个可能也排除出去。

（4）特许人对你的服务、后续支持、广告投入等，在合同上应该有明确的认定，而不是一个抽象。仅仅是特许人将"定期培训"、"及时发货"之类的约定，意义不大。正确的约定范围：1年内提供多少多少时间的培训、培训的内容是什么，开业是否培训，上新产品是否培训，促销是否培训，接到发货请求几日内发出货物，发晚一天承担什么责任等。

把复杂的问题简单化，最重要的是抓住一条，按特许经营合同办事，合同中没有约定的按照法律规定的条文处理，没有法律条文的遵循商户们的通用的商务惯例、交易习惯。

八、经营场地租赁涉及的法律事务

（一）调查店面的档案

租店面之前，到该店面所在地的房地产交易中心查一查产权登记情况，要确认以下信息。

（1）房屋的类型为商业用房性质、土地用途是非住宅性质。这样你租的店面才可以作为商铺使用。否则，将面临无法办出营业执照以及非法使用房屋的风险。

（2）产权人是谁。这样可以确保你不是在租其他第三人的屋子。如果你签订的房屋租赁合同不是和产权人签的，就产生了效力待定的问题，需要得到产权人的追认才有效。

（3）该房屋有没有租赁登记信息。若已有租赁登记信息，可能新租赁合同无法办理登记手续，从而导致新承租人的租赁关系无法对抗第三人，也会影响到新承租人顺利办理营业执照。

（二）免租装修期

商铺租赁中，免租装修期经常会出现在合同之中，主要是由于承租人接收房屋后需要进行装修，实际不能办公、营业，此种情况下，出租人同意不收取承租人装修期间的租金。在签订租赁合同时一定要明确约定免租装修的起止时间，免除支付的具体费用，一般情形下，只会除去租金，实际使用房屋产生的水电费、物业管理费等还需按合同约定来承担。但"免租装修期"不是法律明确规定的概念，所以，创业者在租房时要尽力地去谈，争取把装修期间的房租免去。

（三）租赁保证金

俗称"押金"，主要用于抵充承租人应承担但没缴付的费用。不能想当然地认为押金就是定金，适用双倍罚则，应当明确约定没收及双倍退还的条件，才能被认定为定金，违约方是要双倍定金赔偿给守约方。

（四）租金价格是否含税及税费承担

按照法律、法规、规章及其他规范性文件规定，出租商铺的，出租人应当承担以下税费。

（1）营业税及附加，租金×5.55%。

（2）房产税，租金×12%。

（3）个人所得税，所得部分×20%（所得部分为租金扣除维修费用，维修费用每次不超过800元）。

(4)印花税,总租金×0.1%(在首次缴税时一次性缴纳,按租期内所有总租金计算)。

(5)土地适用税,按房屋地段每平方米征收,具体税率以代征机关实际证收为准。上述标准是法定征收标准,不同区域或者有不同的征收方法,具体可在签订商铺租赁合同签咨询实际代征网点工作人员。

虽然上述税费的缴纳主体为主体为出租人,但租赁合同中可以约定这些税费由谁承担。注意约定租金价格是否含税,从而避免承租人向出租人索要发票时发生争议。

(五)营业执照与租赁合同的联系

租商铺的目的在于开展商业经营活动,而商业经营活动首要条件就是必须合法取得营业执照。在签订商铺租赁合同时,许多条款都要围绕营业执照的办理来设置,主要涉及以下几个问题。

(1)原有租赁登记信息没有注销,新租赁合同不能办理租赁登记,导致无法及时办理营业执照。

(2)商铺上原本已经注册的营业执照,而该营业登记信息没有注销或者迁移,导致在同一个商铺上无法再次注册新的营业执照。

(3)房屋类型不是商业用房,无法进行商业经营活动,导致无法注册营业执照。

(4)涉及特种营业行业(娱乐、餐饮)的,还需要经过公安、消防、卫生、环境等部门检查合格,取得治安许可证、卫生许可证等证件后,方可取得营业执照。

(5)因出租人材料缺失而导致无法注册营业执照。

对于上述第(1)、(2)、(3)、(5)项情形,可在合同中设定为出租人义务,给予出租人合理宽限期,超过一定期限还无法解除妨碍的,应当承担相应的违约责任;上述第(4)条情形,可设定为无责任解约情形,以保障承租人万一无法出示营业执照时可以无责任解除合同。

(六)装修的处理

商铺租赁中,往往需要花费大额资金用于铺面装修,为了确保装修期能顺利进行,以及保障装修利益,在商铺租赁合同中应当注意以下几点。

(1)明确约定出租人是否同意承租人对商铺进行装修,以及装修图纸或方案是否需要取得出租人同意等,若有特别的改建、搭建的,应当明确约定清楚,对于广告、店招位置也可约定清楚。

(2)解除合同的违约责任,不能仅考虑违约金部分,因为违约金常常会约定等同于押金，数额不高，往往不及承租人的装修损失。应当约定在此情况下，出租人除承担违约金外，还需要承担承租人所遭受的装修损失费用。

（3）明确租赁期满时，固定装修和可移动装修的归属和处置方式。

（七）水、电、电话线、停车场等基础设施配套对租赁的影响

商业经营对于水、电、电话线、停车场等可能存在特殊需要，这些公共资源的供应又会受到各种因素影响。建议承租商铺前，应当先行考察是否满足使用需求，若不满足的，确定由出租人还是承租人办理或扩容或增量，以及办理或增量所需费用的承担。在租赁合同中，应当明确约定相关内容，并约定在无法满足正常运营需求的情形下，承租人有免责解除合同的权利。

（八）租赁合同登记备案

租赁登记要注意的问题。

（1）登记与否不影响合同本身的生效，即使没有办理备案登记，合同依然在生效条件满足就生效。

（2）经登记的租赁，具有对抗第三人的法律效力。比如，若出租人将房屋出租给两个承租人的，其中一方的合同办理了租赁登记，另一个没有办理租赁登记，则房屋应当租赁给办理租赁登记一方的承租人，出租人应向没有办理租赁登记的承租人承担违约责任。

建议及时赴商铺所在地租赁管理部门办理租赁备案登记。大多数工商部门在办理营业执照时，均要求租赁合同经过租赁备案登记。

（九）转租问题

商铺租赁市场中经常会遇到许多"二房东、三房东"，这就是转租问题。要注意以下内容。

（1）转租必须取得出租人书面同意，就是产权人的书面同意。否则，产权人完全可以解除他与二房东的租赁合同。那么你与二房东的合同就无效了。

（2）有的原承租人向新承租人主张一笔转让费，名义可以是补偿装修损失等，此笔费用不属于承租人应承担的法定费用，但法律亦没有禁止，因此，只要双方当时协商同意，就会受到法律保护。

（十）买卖与租赁的关系

承租人担心承租商铺之后，业主将商铺出售了怎么办？其实，承租人完全无需担心此种风险，法律对于承租人赋予了两重特殊保护。

（1）出租人在出售商铺前，必须在合理期限内（至少半个月）通知承租人，

承租人享有同等条件下的优先购买权,这是法定权利。即承租人愿意以同等价格购买的,则业主必须将该商务出售承租人,以此保障了承租人的使用利益。

(2)即使承租人不想购买承租商铺,业主出售后,新的业主也就应当继续履行原租赁合同。否则,新业主应当承担原租赁合同的违约责任,这就是"买卖不破租赁"的原则。

(十一)优先承租权

优先承租权不是法定权利,需要约定。签合同应根据自身的需要,看是否约定此权利。

(十二)城市规划与租赁的关系

在承租商铺之前,需要了解该商铺的规划和有关政策等。如果承租人将要经营的业态不符合相关的规划和政策,比如承租一个不可以经营餐饮业的房屋准备开设酒楼,必将导致人力、财力的无谓损失。在无法控制规划政策风险的情形下,承租人可以在租赁合同中特别约定相关事宜作为免责解约条件,以此避免遭受不必要的违约责任。

下面提供一份商铺租赁合同,仅供参考。

【实战范本】商铺租赁合同

合同编号:(　　　　　　)

商铺租赁合同

甲方(出租方):_____
乙方(承租方):_____

根据《中华人民共和国合同法》及相关法律法规之规定,甲乙双方就商铺租赁事宜,协商一致,缔结本合同,以资信守。

第一条　租赁物业及用途

1.1　甲方将_____号商铺(以下简称"该商铺")出租给乙方。

1.2　该商铺建筑面积合计为_____m²,该面积为计算租金面积,若该面积与产权登记面积有差异,以产权登记面积为准。

1.3　乙方确认甲方已告知该商铺情况,且在本合同签署时已对该商铺状况进行详细了解,同意按本合同约定条件按现状承租商铺。

1.4　该商铺为商业用途,乙方承租用于经营_____,未经甲方书面同意不得变更经营项目。

第二条 租赁期限

2.1 该商铺租赁期限共____年,自____年____月____日起至____年____月____日止。

第三条 交付

3.1 双方签署本合同并且乙方按约定支付保证金后,甲方于____年____月____日前将该商铺交付乙方使用,乙方未履行相关义务,甲方有权顺延交付时间,但租赁期限不顺延。

3.2 该商铺交付使用时,双方应依该商铺及相关配套设施的清单进行交接,并对其核对后签字确认。

3.3 乙方应于约定的该商铺交付日到甲方处办理交接手续,逾期前来办理的视为该商铺已交付乙方。

第四条 租金及相关费用

4.1 甲方给予乙方____个月的装修免租期,免租期自交付日(包括实际交付与视为交付)起算,免租装修期内乙方无需向甲方支付租金,但应缴纳管理费及使用该物业而产生的水、电等费用。免租期满次日开始计付租金(下称计租日)。

4.2 租金按照该商铺的建筑面积计算,具体如下。

4.2.1 ____年____月____日至____年____月____日,租金单价为____元/月/m²,即每月租金合计为人民币(大写)_____元整(¥:_____元)。

4.2.2 ____年____月____日至____年____月____日,租金单价为____元/月/m²,即每月租金合计为人民币(大写)_____元整(¥:_____元)。

4.3 租金按月份(指公历月)计算,乙方须于每月____日前以现金或银行转账方式将当月份租金支付至甲方指定的如下账户。

甲方开户银行:_____

户　　　名:_____

账　　　号:_____

4.4 甲方收款账号若有变更,甲方将以书面方式通知乙方,并由甲方授权代表签字并加盖甲方公章。

4.5 以上租金不含税,甲方收到乙方款项后向乙方开具收据。

4.6 乙方于签署本合同时预付首次租金_____元,首次租金为约定计租日起至次月月末的租金即 ____年____月____日至____年____月____日租金。

4.7 物业管理费以该物业的建筑面积进行计算,单价为____元/(月·平方米)(不含税),合计为(大写)_____元整;管理费自____年____月____日起开始计收,乙方于每月____日前向物业管理公司缴纳下月管理费。

4.8 乙方使用该商铺所产生的水电费、水、电、网络报装及用电增容,政府税收规费等费用由乙方自行承担,该等费用中需甲方代收代交的,乙方应于每月____日前将上月发生的费用交给物业管理公司,非甲方代收的,按有关收费单位要求时间交付,乙方拒交或逾期交付的按本合同逾期交付租金违约条款处理。

第五条 租赁保证金

5.1 保证金,双方签订本合同当日,乙方须以转账或现金的形式支付2个月租金总额合计人民币(大写):_____元整(¥:____元)给甲方作为租赁保证金。

5.2 在合同终止时,若乙方未发生违约责任且向甲方交清合同约定各项费用及按合同约定归还该商铺后,保证金在三十日内无息返还乙方。在乙方违约的情况下,甲方有权没收保证金。

第六条 物业管理

6.1 乙方接受该商铺所属之物业管理公司的管理,并按规定或约定缴纳费用与履行其他义务。

6.2 该商铺原有设施设备(含与其他物业共用设施设备)的日常管护由乙方负责,乙方应进行日常检查,发现问题及时通知甲方及物业管理公司,然后划分责任进行维修维护与保养。

6.3 乙方装修及自行安装的设施设备的管护与维修责任由乙方自行承担。

6.4 该商铺的安全防火责任由乙方负责。

第七条 装修和改建

7.1 乙方可根据实际需要对该商铺进行装潢装饰、修葺改造及安装必要设施设备等(以下统称装修),相关费用由乙方承担。

7.2 乙方及乙方聘请之装修人员应服从物业公司管理。

7.3 乙方装修,需向甲方提交装修方案,并经甲方同意,同时取得政府有关部门许可(如有法律要求)后方可进行,费用由乙方承担。

7.4 乙方对装修方案的合法性合理性及后续任何事宜负责,并承担相应责任;甲方同意乙方装修方案,并不代表其同意对该装修方案产生的任何纠纷、损害及损失等负责或承担责任,因乙方装修产生的纠纷或责任由乙方独立承担。

7.5 乙方的装修作业不得影响该商铺整体建筑的框架结构,不得影响其安全性。否则由乙方负责赔偿所引致的一切损失,并由其承担相关的法律责任。

7.6 装修作业应尽量封闭作业,装修过程中不得产生较大的噪声、粉尘、刺激性气味,不得在该商铺外的共用部分堆放装修材料及作业产生的废弃物等。装修期间不能干扰或影响邻近物业的使用。

7.7 乙方装修、改造及设施设备的安装使用等，不得影响其他相关联物业的使用，或功能，否则回复原状，并承担相应责任。

7.8 乙方装修作业需进行环保、卫生、消防等验收的，应自行负责该等工作，并取得许可或验收合格后方可投入使用。

第八条 转租、分租或出借

8.1 未经甲方书面同意，乙方不得转租、分租或出借该商铺的全部或部分。

8.2 经甲方书面同意的转租，不影响乙方履行本合同义务（包括但不限于缴纳租金），乙方对转租承租人行为负责。

第九条 保险

9.1 自本合同签订之日起　　日内，乙方负责购买以该商铺为保险标的，甲方为第一受益人的财产保险，并保证保险金额不低于人民币_____元（¥：_____元）。

9.2 在租赁期内，乙方可根据实际情况，自行办理对该商铺进行装修或添置的设施设备等财产的保险并承担相应保费。

9.3 保险从本合同生效日开始至本合同终止日止，在本合同有效期内，乙方不得中断保险。

第十条 牌匾标识及广告

10.1 乙方安装于该商铺外部的牌匾与标识及的尺寸与规格等需经甲方及物业管理公司同意，并按甲方及物业管理公司的要求安装至指定位置。

10.2 乙方需在指定的牌匾标识外宣安置广告牌或宣传标志的需自行与物业管理公司申请及协商。安装广告牌如需在政府管理部门报批的，所有手续及费用由乙方承担。

第十一条 开业

11.1 乙方应于____年____月____日前开业。每逾期一天，甲方收取1000元违约金，逾期超过30天，甲方有权单方解除合同。

第十二条 双方权利义务

12.1 甲方权利义务

12.1.1 甲方有权按本合同收取乙方的租赁租金及相关费用。

12.1.2 合同期满前三个月甲方可带其他有意承租者进入该商铺视察。

12.1.3 甲方须提供有关部门核准的水、电设施。

12.1.4 甲方保证乙方在承租期间可以正常合理使用该商铺。

12.1.5 若乙方在经营中需要甲方提供该商铺的资料和办事中需甲方支持配合的，甲方可以予以协助。

12.2 乙方权利义务

12.2.1 乙方有权按本合同约定使用该商铺,依法经营,不得在该商铺内存放危险及违禁物品或从事违法活动。

12.2.2 乙方经营应自行取得与之相适应的各种行政许可及批准(包括但不限于:营业执照、税务登记证、消防及环保合格证)。

12.2.3 乙方自行承担经营过程中产生的一切债权、债务、劳动纠纷及其他经济或法律责任。

12.2.4 因乙方使用不当或其他非甲方或第三方原因造成该商铺及其附属设施遭受损坏或造成甲方或第三方遭受其他损失的,乙方应负责赔偿,乙方必须及时予以维修,因延误维修而造成甲方或第三方遭受损失的,亦由乙方负责赔偿。

12.2.5 乙方对甲方正常的房屋安全检查和维修应给予协助,因维修原因须临时搬迁的,要与甲方配合。阻延甲方维修而使甲方或第三方遭受损失的,乙方负责赔偿。

第十三条 合同终止与续期

13.1 本合同终止日,乙方应搬离该商铺可移动的物品,装修及固定添附物(包括但不限于:铺设的管线、固定或镶嵌于墙体地面的设施物件等)归甲方所有。如乙方逾期搬离(包括因甲方行使留置权乙方无法搬离的情形),应每日按月租金10%标准向甲方支付占用费,逾期超过10日的,甲方有权自行处理,而不予乙方任何赔偿或补偿。

13.2 若乙方欲于合同期满后续租,应提前三个月向甲方提出书面申请,同等条件下乙方享有优先承租权。

13.3 本合同终止,乙方应于终止日前结清租金水电费等各种费用,乙方搬离前有拖欠租金、水电费、物业管理费或有未尽其他义务的,甲方有权留置乙方于该商铺内的任何物品。

13.4 一方可以提前30日通知另一方解除本合同,解除方按本合同违约解除本合同条款,承担提前解除合同的责任。

第十四条 违约责任

14.1 乙方逾期缴纳租金、水电气等能源费用及本合同约定的其他费用,每日按逾期总额的1%,向甲方给付滞纳金,逾期超过5日甲方另可停止该商铺的水电供应和控制该商铺的物品,逾期超过15日的,甲方有权解除本合同,没收乙方租赁保证金,追收逾期租金及滞纳金(滞纳金计算至实际给付日)。

14.2 甲方违约解除本合同,或甲方违约乙方解除本合同,甲方双倍返还乙方租赁保证金,乙方的装修损失甲方按使用时间折价补偿。

14.3 乙方违约解除本合同，或乙方违约甲方解除本合同，乙方租赁保证金抵做违约金，甲方不予返还，乙方装修等无偿归甲方所有。

14.4 乙方违约，经甲方要求改正后，未能在甲方要求期限内改正的，甲方有权解除本合同，乙方按本条第10.3款承担违约责任。

第十五条 送达

15.1 根据本合同需要发出的通知以及甲方与乙方的文件往来及与本合同有关的通知和要求等，应以书面形式进行；送达方式包括但不限于：直接送交、邮寄、传真、电子邮件、公告及登报等，简单的非重要通知可以电话方式进行。送达文件时，送达方要求受送达人签收的，受送达人应签收回执。

15.2 本合同落款处所载地址及联系方式为双方约定的送达地址及联系方式，如有变更，一方应及时通知另一方，否则视为未变更。该商铺所在地址亦为乙方接收甲方送达文件地址。

第十六条 管辖法院

16.1 本合同产生的争议由该商铺所在地的人民法院裁决。

第十七条 其他

17.1 本合同条款划分为方便书写、阅读与理解所设，并非完全独立，条款间相辅相成，作为整体予以适用与解释。

17.2 本合同一式两份，自甲乙双方签字之日生效，双方各执两份，具有同等法律效力。

第十八条 附件

18.1 本合同之附件为本合同有效组成部分，与本合同一并执行。

附件1：甲方主体资格文件（略）

附件2：乙方主体资格文件（略）

附件3：交付标准及设施设备清单（略）

甲方：_____　　乙方：_____

代表人：_____　　身份证号码：_____

电话：_____　　电话：_____

传真：_____　　传真：_____

地址：_____　　地址：_____

E-mail：_____　　E-mail：_____

日期：___年__月__日　　日期：___年__月__日